CB071489

Mulheres no comando

CIP-BRASIL. CATALOGAÇÃO NA FONTE
SINDICATO NACIONAL DOS EDITORES DE LIVROS, RJ

F946m

Friedman, Caitlin
    Mulheres no comando : como liderar sem descer do salto / Caitlin Friedman & Kimberly Yorio ; tradução Carolina Caires Coelho. - Campinas, SP : Verus, 2008.

Tradução de: The Girl's Guide to Being a Boss Without Being a Bitch
Inclui bibliografia
ISBN 978-85-7686-032-7

1. Pessoal - Supervisão - Manuais, guias etc. 2. Executivas. I. Yorio, Kimberly. II. Título.

08-0243

CDD: 658.302082
CDU: 658.3-055.2

Caitlin Friedman & Kimberly Yorio

Mulheres no comando

Como liderar sem descer do salto

Tradução
Carolina Caires Coelho

VERUS
editora

Título original
The Girl's Guide to Being a Boss
Without Being a Bitch

Copidesque
Carlos Eduardo Sigrist

Revisão
Anna Carolina G. de Souza

Capa e projeto gráfico
André S. Tavares da Silva

Copyright © 2006 by Caitlin Friedman and Kimberly Yorio

Todos os direitos reservados, no Brasil, por Verus Editora. Nenhuma parte desta obra pode ser reproduzida ou transmitida por qualquer forma e/ou quaisquer meios (eletrônico ou mecânico, incluindo fotocópia e gravação) ou arquivada em qualquer sistema ou banco de dados sem permissão escrita da editora.

VERUS EDITORA LTDA.
Av. Brasil, 1999, Jd. Chapadão
13070-178 - Campinas/SP - Brasil
Fone/Fax: (19) 4009-6868
verus@veruseditora.com.br
www.veruseditora.com.br

Ao meu parceiro no amor e na vida, Andrew,
e às minhas duas novas alegrias, Declan e Taylor

Aos garotos que me amam mesmo nas raras ocasiões
em que sou uma megera, Sean e Thomas

Agradecimentos

Antes de qualquer coisa, queremos agradecer às duas pessoas que estiveram por trás deste projeto: a editora Amy Hertz, que é tão comprometida como nós em ajudar as mulheres a serem mulheres no local de trabalho; e nosso agente, David Black, que, desde a manhã em que nos encontramos para falar de nosso livro, tem sido nosso aliado e torcedor. Agradecemos às meninas da Morgan Road Books: Anne Watters, por nos dar idéias de *marketing* criativas e bastante divertidas; e Lauren Panepinto, pelos bilhetinhos femininos (nós os adoramos). Agradecemos aos meninos da Morgan Road Books: Marc Haeringer, um editor fantástico que realmente compreende as mulheres; Nathanael Brown, um assistente que tentaríamos roubar se não gostássemos tanto de Amy; e uma de nossas pessoas favoritas na publicidade e em todo o mundo editorial... David Drake. Nossa certeira agente de direitos estrangeiros, Leigh Ann Elisco, da David Black Agency, tem sido um presente dos deuses. Queremos agradecer muito a todas as mulheres que se dispuseram a contar suas histórias – boas, ruins e feias – e mandar um agradecimento especial a Anat Baron, Christine Deussen e Melissa Clark, que vasculharam sua vasta rede de mulheres para nos ajudar neste livro. Agradecemos às mães, avós, irmãs, tias, amigas, futuras amigas e a todas as mulheres comprometidas a tornar o mundo profissional um lugar melhor, principalmente Kara e Sharyn Yorio, Chrisi Colabella e Laurice Duffy.

Caitlin quer agradecer a Kim por tornar todas as reuniões de negócios, sessões de autógrafos, viagens, palestras e entrevistas muito mais divertidas. E Kim quer agradecer a Caitlin, porque sem as idéias e a confiança dela este livro não existiria.

Sumário

Introdução 11

1. Você agora é uma menina crescida 13
   Passando de simples funcionária a mulher no comando

2. A situação geral 36
   O que é necessário para se tornar uma ótima líder

3. Formação de equipe 59
   Você é tão boa quanto sua equipe

4. Não tente isso no trabalho 88
   Dez maneiras de se afastar de seus funcionários

5. Comunicar, motivar, celebrar 107

6. Delegação não é um palavrão 125
   Empregando seus empregados

7. Brincando de deusa 143
   Avaliações, promoções e demissões

8. Cultura é tudo 160
   Aula de cultura empresarial

9. As políticas do escritório são um grande problema 178
   Enfrentando portas fechadas, sussurros e fofocas de corredor

10. Mandar sem ser mandona 195
    Lições de negócios que você aprendeu na infância

Nota final 213

Referências bibliográficas 214

Introdução

Enquanto escrevíamos nosso primeiro livro, *Guia da empreendedora descolada*, tivemos de editar o capítulo "É chato ser chefe", que contava com inacreditáveis duzentas páginas. Por que era tão extenso? Porque nós duas temos sofrido com o papel de líderes desde que contratamos nossa primeira assistente, e tínhamos muito a dizer a respeito dos desafios desse papel, assim como a maioria das mulheres entrevistadas. Conclusão: gerenciar é difícil. No último ano, nossa pequena agência de relações públicas triplicou de tamanho, trazendo muitas questões que jamais havíamos enfrentado: Quem você deve promover? Quem você deve demitir? Como treinar um funcionário de modo eficaz? Quanto tempo é preciso investir nos funcionários até que eles comecem a dar bons resultados? Como demonstrar gratidão por um trabalho bem-feito sem prejudicar as finanças? Mas a maior questão com a qual lutamos e continuamos a lutar quase diariamente é: Como assumir e aproveitar o papel de chefe?

Depois de muito pensar – e de fazer mais pesquisas –, aprendemos que muitas mulheres na força de trabalho (incluindo nós mesmas!) não tiveram a chance de aprender com outros modelos femininos positivos. Sem experiências positivas nas quais nos apoiarmos, acabamos repetindo o mau comportamento. Esperamos que este livro forneça as informações e o reforço positivo que tantas de nós temos procurado na vida profissional.

Com um pouco de introspecção, pesquisa e entrevistas com muitas mulheres que lideram, chegamos à conclusão de que as mulheres conseguem ser melhores gerentes do que seus colegas do sexo masculino. Se conseguíssemos superar nossos medos, as características com as quais nascemos – cuidado, paciência, força, sabedoria e facilidade em procurar recursos – nos tornariam as estrelas do escritório e as mentoras de que muitos funcionários necessitam.

Ao assumirmos, de maneira positiva, o papel de instrutoras, vamos capacitar você para se tornar aquela gerente "uma em um milhão". É possível ser forte sem ser possessiva. É possível ter opinião sem ser mandona. É possível ter pulso firme sem ser meticulosamente chata. É possível ser uma mentora que lidera, inspira e motiva.

Não há uma maneira fácil de conseguir isso, nem mesmo de se aperfeiçoar nesse papel, mas acreditamos que, depois de ler *Mulheres no comando,* você vai encontrar o caminho.

1

Você agora é uma menina crescida

Passando de simples funcionária a mulher no comando

Certo. Então agora você é a chefe. A supervisora. A gerente. A capitã. A encarregada. Os dias de receber ordens, realizar tarefas e ficar de olho no relógio são coisas do passado. Finalmente, é você quem dá as ordens.

Por mais motivador que isso possa parecer, assim que a alegria pela promoção sumir, pode ser que você se pegue coçando a cabeça, sem saber exatamente o que essas novas responsabilidades implicam. Muitas mulheres se sentem um pouco perdidas quando chegam à mesa dos adultos, porque nunca tiveram exemplos positivos de liderança. Não tema. Você consegue realizar o trabalho, só precisa de alguns conselhos úteis para colocá-la no caminho.

Não importa se você supervisiona apenas duas pessoas ou dirige um império empresarial, nós a ajudaremos a se transformar de medíocre a sensacional. E, para quem já está no comando, podemos ajudá-la a perder o apelido de Megera na Direção e a se tornar a líder que seus empregados merecem.

Mostraremos como é ser a rainha: como lidar com suas opções constantemente mutáveis de truques de administração; como descobrir o que esperam de você; como decidir o que você pode esperar de sua equipe; e como mergulhar de cabeça e amar tudo na função de chefe.

Dias bons e dias ruins: os aspectos bons, ruins e feios de ser a chefe

Liderar pode ser uma tarefa complicada. Sob alguns aspectos, pode ser positivamente emocionante. Sob outros, pode ser um grande problema. Assim como a liberdade, a responsabilidade e o respeito começam a levá-la até o céu, a paranóia, o medo e a ansiedade podem fazer com que você despenque de lá. Assim como todas as coisas, ser uma líder reconhecida pode ter seus altos e baixos. Vamos analisar os dois lados do muro.

Os bons

Dinheiro, dinheiro, dinheiro, dinheiro, dinheiro!
Podemos estar sonhando, mas, se você foi promovida, acreditamos que um aumento de salário grande e bacana ocorreu junto com essa promoção. Esperamos que você nunca mais tenha de sofrer para pagar as contas nem olhar aos prantos para a fatura do cartão de crédito no fim do mês. Mesmo que o novo cargo não traga uma mudança financeira completa, ser a chefe deve colocá-la numa situação econômica melhor que a anterior. Mas, se isso não acontecer, leia as seções no capítulo 5 sobre pagamento justo e lute pelo que merece.

Princesa do poder
O poder é bom. Tomar decisões que levem a resultados positivos é bom. Dar ordens, mudar as regras e tomar decisões que possam alterar o curso da empresa toda pode ser maravilhoso. Ter a responsabilidade máxima pode ser positivamente emocionante. A chefe megera que desconta suas frustrações nos outros, grita ordens e geralmente se preocupa apenas consigo mesma, deixando os funcionários arrasados, não tem de ser você. Ao se adaptar a seu novo papel,

você descobrirá que ser líder significa poder ser a chefe que motiva os funcionários e que gosta de observar os colegas crescendo e prosperando. Formar uma equipe, trabalhar em conjunto e ensinar coisas aos outros serão atitudes muito gratificantes. No fim do dia, você vai se sentir extremamente bem.

Quanto mais você sabe

Ao orientar seus protegidos, você mesma obterá novas informações e enfrentará novos desafios a cada dia. O conhecimento adquirido faz com que mudemos e nos tornemos melhores mães, amigas e executivas. Crescer profissionalmente pode ser fortalecedor e lhe dar uma perspectiva mais ampla tanto no mundo quanto no lugar que você ocupa dentro dele. Quanto mais você sabe, melhor você é, tanto intelectual como profissionalmente. Não se esqueça de que o caminho para se tornar uma ótima líder é longo.

Sua mãe ficará orgulhosa

Por fim, se você obtiver sucesso, o prestígio e o brilho dele tornarão todos os erros e problemas válidos. Não há melhor sensação no mundo do que a de um trabalho bem-feito.

Os ruins

Treinamento?

A triste realidade é que nunca há treinamento suficiente para oferecer aos funcionários. Mesmo nas empresas que têm programas de treinamento bem estabelecidos, haverá momentos em que você não saberá o que fazer. Acreditamos que, quando uma pessoa é contratada, ela terá acesso a todas as ferramentas necessárias para realizar o trabalho de modo eficaz. Talvez o funcionário antes de você abandonou o emprego ou foi demitido, e a pessoa que continua não sabe muito bem o que ele fazia. Talvez todos estejam ocupados demais para se sentar e estudar o trabalho em detalhes. Independentemente da razão, seu treinamento provavelmente será o seguinte: "Aqui está seu escritório. Boa sorte!" Depende de você descobrir como conquistar seus objetivos usando o melhor recurso que tem: sua equipe.

O topo é muito solitário

Dentre todas as coisas positivas que seu novo papel de chefe pode trazer, a mais assustadora é o isolamento que você sentirá sendo a mulher no topo da escada corporativa. Você tem a responsabilidade de tornar sua equipe bem-sucedida. Se ela falhar, a culpa será sua. Fazem parte do passado os dias em que você podia ser amiga de todo mundo. Você não poderá mais passar uma hora no refeitório conversando sobre o último episódio de *Desperate Housewives*. Quando perguntadas sobre qual é o maior erro que as novas chefes cometem, 90% das mulheres que entrevistamos responderam que é o fato de tentarem ser amigas de todos. Você não está ali para ser amiga de ninguém. Está no papel de líder para oferecer as ferramentas e o ambiente necessários à equipe, de modo que ela consiga cumprir os objetivos. Se o grupo não estiver atingindo as metas, mesmo com todo o apoio adequado, então você, a chefe, terá de repreender e talvez até demitir funcionários que estejam abaixo das expectativas. Esse poder que vem com a promoção vai separá-la do restante da equipe.

Deixe o que é pessoal no lado pessoal e nunca permita que os outros a vejam assustada

Isso é difícil. Por pior que a coisa fique, por mais complicado que esteja seu dia, de maneira alguma você pode se desesperar. Não interessa se seu carro quebrou no meio da estrada, a caminho do trabalho, ou se você acabou de descobrir que seu marido está sendo infiel. Seus problemas pessoais não devem entrar no ambiente de trabalho. No primeiro emprego de Ann como assistente, sua chefe estava tentando adotar um bebê e mantinha um celular especialmente reservado para receber ligações de mães que quisessem abrir mão de seu recém-nascido. Quando a chefe entrava em reunião, Ann tinha de ficar com o telefone. Se alguém telefonasse, a assistente tinha de procurar a chefe. Se esta não pudesse ser interrompida, Ann tinha de entrevistar a mãe e tentar marcar um horário para que a chefe retornasse a ligação. Ann sentia-se honrada com a confiança nela depositada, porém, ao mesmo tempo, morria de medo de que, se fizesse algo errado, não apenas prejudicaria seu trabalho, mas também destruiria a chance que sua chefe desesperadamente esperava de ter um bebê. Apesar de a adoção ser uma prioridade óbvia para aquela mulher, era injusto tornar isso responsabilidade da assistente.

A bomba cai em sua mão

Os problemas da equipe são agora problemas seus – sejam eles individuais ou coletivos. Assim, os problemas de todos passam a ser seus. Se um membro da equipe está com o filho doente e não conseguirá estar presente a uma reunião às dez horas com o principal cliente da empresa, então você terá de encontrar uma maneira de substituí-lo sem que o cliente saiba. Se seu principal executivo de contas perder uma grande chance de lucro e seu departamento não for capaz de atingir as metas, então *você* terá de encontrar outra forma de gerar lucro ou terá de enxugar a equipe para cobrir o prejuízo. No mínimo, você terá de tirar a bomba das mãos da gerência. Se alguém de sua equipe abrir um *e-mail* do namorado que infecte o escritório todo com um vírus, apagando todos os arquivos dos últimos cinco anos, então você e o Departamento de Suporte têm um problemão para resolver. Não há mais como se esconder até a tempestade passar. Será sua responsabilidade mobilizar a equipe e dar um jeito em tudo.

Disciplina, advertências e aviso de demissão

Dar notícias ruins não é nada fácil; tomar a decisão de tirar o sustento de alguém ao demiti-lo, porque ele não consegue dar conta do recado, é muito ruim. Dedicamos, mais adiante, quase um capítulo inteiro para tratar da temida palavra *demissão*.

Os feios

Nenhum lugar para ir, a não ser para baixo

A cada degrau que você sobe, rumo ao topo da escada corporativa, maior será a queda, se esta ocorrer. Você viverá com o medo constante de ter de satisfazer as expectativas (embora o resto do grupo não precise saber disso), realizar o trabalho de modo eficiente e conquistar os objetivos da equipe. Quanto mais alto você for, mais será criticada por aqueles que estão abaixo e pensam que podem fazer seu trabalho melhor do que você e por aqueles que estão acima e acreditam estar lhe pagando um salário muito alto. Se você não criar relações positivas desde o princípio, esses oportunistas aproveitarão todas as chances que tiverem para provar que são mais adequados para o trabalho do que você. Não queremos que você fique paranóica, mas que abra os olhos para a sempre mutável dinâmica de sua posição de chefe. Em um dos próximos capítulos, explicaremos por que especialistas em administração recomendam criar relacionamentos com as pessoas que estão numa posição acima, no mesmo nível e abaixo de você na empresa.

A ficha criminal: megeras no cinema

Kill Bill (2003) – Lucy Liu como O-Ren Ishii, a Chefe Má do Submundo de Tóquio. Quando um de seus colegas questiona sua liderança, ela corta a cabeça dele sem pestanejar.
Lição: Você precisa ter uma política de receptividade para todos os seus funcionários, para que eles possam dizer o que pensam. Demitir ou advertir um funcionário simplesmente porque ele discorda de você é inaceitável.

Assédio sexual (1994) – Demi Moore interpreta Meredith Johnson. Ela se aproxima de um funcionário e então age como se ele a assediasse. É malvada por causa de suas mentiras e omissões.
Lição: Nunca, nunca, nunca, de jeito nenhum se insinue para um funcionário nem o paquere, e nunca use o sexo para aumentar seu poder. Está certo que os problemas de Demi no filme vão muito além, mas a sexualidade nunca deve entrar em jogo no ambiente de trabalho.

***Uma secretária de futuro* (1988)** – Sigourney Weaver interpreta Katherine Parker. Ela rouba a idéia de seu funcionário e paga no final, quando ele rouba sua vida.
Lição: Nunca assuma a autoria de algo conquistado com o esforço de seu colega de trabalho ou subordinado. Você será vista como uma megera e perderá a confiança dos funcionários. Sem falar que você pode ser alvo de uma vingança justificada.

***Na cama com Madonna* (1991)** – Madonna como ela mesma. Nesse documentário da *material girl*, ela se revela como uma chefe da pior espécie. Exerce um tipo de controle maternal sobre os dançarinos, passando de melhor amiga a megera completa.
Lição: A Maria Bipolar não tem lugar no escritório. Você tem de se manter constante, leal e direta para com todos os seus funcionários, não importa o que eles façam de errado.

***Um presente para Helen* (2004)** – Helen Mirren interpreta Dominique, chefe em uma agência de modelos. Quando uma funcionária passa a criar os filhos da irmã, Dominique mostra que o local de trabalho não é nada amigável, roubando os clientes de sua subordinada e humilhando-a na frente da equipe por chegar atrasada a uma reunião.
Lição: Sim, você tem de pensar no bem-estar da empresa em primeiro lugar, mas, no fim das contas, é a equipe que forma a empresa. Contanto que o trabalho esteja sendo feito, você pode criar um ambiente profissional positivo e flexível para sua equipe.

***Os 101 dálmatas* (1996)** – Glenn Close interpreta a supervilã Cruella de Vil. Nessa versão do clássico desenho animado, ela não só é uma assassina de cãezinhos como também aterroriza os funcionários de sua empresa de roupas, gritando, jogando coisas e humilhando aqueles que trabalham para ela.
Lição: Nunca use o medo para liderar. É possível ter pulso firme e ainda assim contar com o respeito dos colegas. Usar táticas de terror nunca é

> *a maneira certa de fazer o escritório funcionar de modo eficaz. O jeito certo de fazer as coisas é ser firme e justa.*
>
> **Mulher-Gato (2004)** – Sharon Stone interpreta Laurel Hedare. Quando uma funcionária sua descobre que o "milagroso" creme facial anti-rugas que sua empresa de cosméticos produz causa efeitos colaterais terríveis, Laurel recorre ao assassinato para evitar que a verdade seja revelada. *Lição: a) Nunca minta para seus funcionários; b) Se fizer isso, esteja pronta para encarar as conseqüências quando a verdade vier à tona.*

O trabalho: funções e papéis principais

Apesar de as responsabilidades de qualquer trabalho de administração variarem muito, dependendo do ramo de seu negócio, há algumas tarefas elementares que você terá de realizar que podem não ser muito agradáveis. Vamos citá-las agora, mas nos aprofundaremos no assunto nos próximos capítulos.

Você vai contratar, demitir, avaliar e promover

Unir sua equipe e mantê-la na linha será seu principal papel como chefe. Você terá de decidir se precisa de mais funcionários e se a empresa pode arcar com os custos. É preciso oferecer acesso constante aos funcionários já existentes e avaliá-los. Se o Departamento de Criação estiver muito atarefado, trabalhando até tarde, e se os funcionários se tornarem mais grosseiros por estar esgotados, depende de você decidir como diminuir a carga de trabalho.

Em nossa pesquisa, a maior crítica que escutamos sobre as chefes é que elas são muito emotivas. Deveriam ser mais profissionais, afinal de contas, negócios são negócios. Mas é isso mesmo? Os negócios são feitos por meio da reunião de muitas pessoas, com diferentes estilos e personalidades. E, como chefe, você terá de encontrar uma maneira de torná-las o mais produtivas possível.

Contratar, demitir, avaliar e promover são as decisões mais emocionais que você pode tomar. Veja a contratação, por exemplo. Uma gerente de contratação responsável pedirá diversos currículos, escolherá os melhores candidatos, entrevistará alguns deles, checará referências e tomará uma decisão. Quando você tem de escolher entre alguns candidatos com pontos fortes parecidos, como faz isso? Você tenta descobrir quem é a pessoa com a melhor personalidade para se encaixar no grupo e torce para que seja a melhor escolha.

Caso isso não funcione, você precisará demitir. E não diga que demitir funcionários não é um exercício emocional. Você vai tirar o sustento de uma pessoa e, talvez, de uma família. As emoções entram em cena. O truque para as mulheres é a capacidade de gerenciar as emoções como gerenciam os funcionários. A consistência é o melhor que se pode esperar e é provavelmente algo bom o suficiente para manter as críticas emocionais fora do escritório.

Você vai ter um plano e delegar tarefas a seus funcionários

Para aqueles momentos em que sua equipe não estiver trabalhando bem, criar um plano de negócios e delegar tarefas será sua principal função. Isso inclui definir o que precisa ser atingido a cada dia, semana, mês, ano e em longo prazo, desenvolvendo uma programação e determinando quem na equipe se dá melhor com cada tarefa. Vão lhe perguntar coisas do tipo: Esse é um trabalho para mulher? Fazer os funcionários trabalhar em equipe seria mais produtivo?

Delegar não significa apenas dizer aos membros da equipe o que deve ser feito. Você precisa se certificar de que eles compreenderam o projeto e sabem qual é a melhor maneira de chegar ao objetivo. A comunicação é a única maneira de garantir que todos estão dentro da programação. Conferir os resultados constantemente, por meio de relatórios de desenvolvimento, e estar envolvida na situação garantirá que o trabalho seja feito corretamente.

Todo gerente tem de delegar, mas muitas mulheres ficam relutantes com essa função. Estas são algumas razões:

- A maioria de nós é boa em dominar determinados tipos de detalhes.
- É da natureza humana gostar de fazer coisas nas quais somos boas.
- As mulheres bem-sucedidas costumam ser perfeccionistas.
- Se fizermos algo sozinhas, sabemos que será perfeito, ou, pelo menos, o mais perfeito possível.

Você vai oferecer orientação, direção, motivação e inspiração a seus funcionários

Quando um funcionário que trabalha na empresa há muito tempo for até você com perguntas sobre o funcionamento de um novo sistema, você será a mulher que escuta o problema com atenção e que oferece as respostas. Digamos que uma de suas vendedoras sente que as técnicas atuais de *marketing* da empresa não estão atraindo clientes. Ela vai até seu escritório com muitas idéias novas. Nesse momento, sua orientação é importante e, juntas, vocês podem conversar e chegar à decisão correta.

Ou vamos imaginar que os lucros estão baixos, a competição está acirrada e o moral no escritório está muito ruim. Essa é sua oportunidade de liderar, motivar e inspirar os funcionários, fazendo-os acreditar no produto, na empresa e na missão com uma paixão nunca antes sentida. Contate uma agência de pesquisa que a ajude a distinguir os pontos em que seu concorrente tem levado vantagem, então marque uma sessão de *brainstorming* para encontrar maneiras de combater o problema. Organize uma reunião em que todos possam partilhar seus problemas e trabalhar juntos para encontrar uma solução. Oferecer orientação e inspiração a seus funcionários será a parte mais desafiadora de seu trabalho e, no final, a mais compensadora.

Você vai supervisionar e manter a saúde fiscal da empresa e do departamento

Quer você receba um orçamento a ser seguido, quer tenha de criar as regras, será sua responsabilidade manter-se dentro dos parâmetros de gasto planejados. Se seu departamento tem um orçamento trimestral de trezentos mil reais, seu dever é alocar recursos para que os gastos fiquem abaixo desse valor ou no limite. Caso contrário, esteja preparada para explicar os motivos.

Gerenciar orçamentos pode incluir encontrar maneiras de reduzir o número de funcionários, se a folha de pagamento estiver aumentando, ou transferir os gastos dedicados a um projeto para outro que necessite de mais fundos. Também inclui encontrar novas maneiras de aumentar a margem de lucro, para que o resultado final seja maior. Se você nunca teve de lidar com dinheiro antes, acabará, antes que perceba, agindo como um apostador em um cassino.

Você vai ter de responder por seus funcionários, por seu departamento ou por sua empresa

Não importa que tipo de líder você seja, terá sempre de responder a alguém. Como empresário, seus clientes terão a palavra final para indicar se a qualidade de seus produtos está caindo. Na maioria dos trabalhos de gerenciamento, existe alguém acima de você tomando as decisões, seja você a gerente da equipe, a supervisora da seção ou a diretora do departamento. Espera-se que você se reporte à rede de administração. Precisa ser confiante ao lidar com a gerência superior, para defender seu departamento ou para assumir a responsabilidade por erros. Assim como precisa se comunicar com seus funcionários, deve manter as portas abertas entre você e seu chefe.

Você vai agir como intermediária entre seus funcionários e a administração superior

Seu principal gerente de loja prejudicou o retorno de produtos, deixando sua região com um buraco de quase cem mil reais. Quando o chefe descobrir e for tirar satisfações com você, é seu papel agüentar a bronca, mas depois passá-la a seus funcionários de modo produtivo e incentivador. Por pior que seja a maneira como o diretor tenha tratado você, não passe os pontos negativos adiante. Você é responsável pelas ações de seus funcionários. Espera-se que, na tarefa de delegar e dirigir, você tenha tomado as decisões corretas, por isso, se qualquer coisa der errado, a responsabilidade será praticamente toda sua. Qualquer energia antagônica que você receber de seus superiores tem de ser transformada em algo positivo.

Bruxa boa ou bruxa má?

TAREFAS MÍNIMAS, HUMILHAÇÃO MÁXIMA
Quando Jenny tentava mudar de carreira, ficou animada ao ler que uma empresa de relações públicas da região precisava de uma assistente de publicidade. Melhor ainda, a dona da agência era conhecida como uma das melhores no negócio, muito dinâmica e uma ótima pessoa com a qual aprender. A entrevista foi tranqüila, e ofereceram a Jenny diversas oportunidades, incluindo trabalhar com a imprensa. Em troca, sua futura chefe disse: "Você terá de comandar o escritório, o que não lhe deve tomar mais do que algumas horas por semana". Ao final da primeira semana, ficou claro que seu trabalho seria comandar o escritório e fazer algumas ligações para a imprensa no horário do almoço.

Jenny conseguia dar conta do recado. O que ela não conseguia enfrentar era o tratamento que recebia da dona da empresa. Entre as principais tarefas, ela tinha de limpar a sala de estoque, pedir canetas e outros materiais, devolver os filmes alugados no *shopping center* da região, empacotar e enviar centenas de itens todas as semanas. Três ou quatro vezes por dia, a dona pedia que fosse até a sala dela para esvaziar a caixa de saída. Sempre que Jenny escutava os três bipes indicando a chamada no *pager*, sentia um frio na barriga, porque sabia que teria de passar por seus colegas – ocupados, conversando ao telefone – e buscar uma pilha de notas e de listas de afazeres esperando por ela na caixa de saída.

O problema de Jenny? Ela era boa demais no que fazia. Era um modelo de eficiência: deixava as coisas funcionando como um relógio. Atualizava os arquivos e negociava taxas, e todos ficavam felizes. Menos ela. Com o passar das semanas, seus colegas, observando a maneira exigente como a chefe a tratava, começaram a se aproveitar de Jenny. Sua contribuição nas reuniões de segunda-feira logo passou a ser a tarefa de anotar pedidos dos outros funcionários. Os telefonemas da imprensa passaram a ser cada vez mais raros, conforme seus dias ficavam repletos de envelopes e clipes de papel. Quando ela tentou conversar com a chefe, esta lhe disse: "Dê tempo ao tempo, e aqui está minha caixa de saída".

Jenny ficou oito meses no emprego, esperando ter algo que pudesse adicionar a seu currículo, mas detestando o que fazia. O pior de tudo era que ela odiava sua chefe.

Megera. Seu principal dever como chefe é inspirar e manter os bons funcionários. Jenny era muito boa. Realizava suas tarefas com eficiência. Os funcionários gostavam dela e a respeitavam, até observarem a chefe menosprezar suas conquistas e desvalorizar sua contribuição, interrompendo-a para que fizesse serviços menores. Jenny poderia ter sido valiosíssima para a equipe durante anos, no entanto pediu as contas assim que encontrou outro chefe.

Uma definição de administração

Da quarta edição do *The American Heritage Dictionary*: "Administração: 1) Ato, maneira ou prática de administrar; ação de lidar, supervisionar ou controlar. 2) Pessoa ou pessoas que controlam ou dirigem uma empresa ou outro negócio." "Administrador: 1) Aquele que enfrenta, controla ou dirige."

Até o dicionário diz isto: administração tem a ver com controle. Mas controlar pessoas não é tão fácil como deveria ser. As mulheres têm de ser cautelosas.

Seguindo adiante: novas expectativas

Agora que você tem o papel de administrar, não terá mais ninguém espiando sobre seu ombro e dizendo o que você deve fazer a cada minuto. Ninguém é responsável por você, além de você mesma. Cumprir as responsabilidades de seu trabalho será a chave de seu sucesso.

Seguem quinze coisas que você deve fazer sempre, agora que é responsável por si mesma e pela equipe.

1. Crie uma lista de afazeres

Uma vez que ninguém lhe delegará tarefas, depende de você manter o olho aberto em relação ao que precisa ser feito. Criar uma lista de afazeres é uma das melhores maneiras de estabelecer prioridades e cumpri-las. Com uma lista de referência, as pequenas coisas nunca lhe escaparão da vista, e você sempre terá o próximo passo preparado.

2. Estabeleça objetivos

O que você pretende alcançar em sua nova posição? Mais do que qualquer um, você sabe que é uma pessoa capaz, e depende de você estabelecer objetivos, não apenas para si mesma, mas para a empresa como um todo. Estabeleça objetivos e cumpra-os. O planejamento diário, mensal ou mesmo a longo prazo pode definir a diferença entre o que é e o que não é feito.

3. Cumpra prazos

Um prazo é um prazo. A promessa feita a um cliente de desenvolver, preparar e filmar um comercial até determinada data deve ser levada a sério. O prazo final do chefe do escritório para a grande inauguração da nova loja deve ser cumprido. O pedido para que seus funcionários completem as avaliações antes do Natal deve ser atendido, mesmo que isso signifique trabalhar até tarde na véspera de algum feriado. Se você não pode cumprir um prazo, como espera que seus funcionários façam isso?

4. Mantenha sua palavra

Durante as negociações de contrato, um novo funcionário recebe a promessa de ter seu salário aumentado após seis meses. Uma cliente é informada de que receberá todo o dinheiro de volta se o creme facial que está adquirindo não a fizer parecer dez anos mais jovem. Um colega pede que você leve o relatório dele para casa para lê-lo no fim de semana e devolvê-lo antes que ele o mostre ao chefe na segunda-feira. Quando você disser que vai fazer alguma coisa, cumpra o prometido. Nada vale mais nos negócios do que a confiança.

5. Deixe por escrito

Agora que você é responsável por outras pessoas, certifique-se de que todas conhecem os objetivos. A melhor maneira de manter todas as pessoas informadas é deixando tudo por escrito.

6. Seja proativa em tudo que fizer

Não espere por coordenadas e um mapa. Comece a trabalhar. Se sua equipe recebe ordens de realizar um projeto novo, sente-se com ela e procure uma maneira de realizá-lo. Se um novo plano de propaganda para sua empresa parece estar dando errado, conserte-o. Não fique sentada sem agir.

7. Trate seu negócio como uma empresária

Entender o que cada pessoa de seu departamento faz permitirá que você saiba sempre o que está acontecendo. Digamos que o número de roubos em suas lojas esteja aumentando. Trabalhe com a equipe de segurança para encontrar maneiras de evitar esse problema. Não pense no negócio ou nas responsabilidades individualmente, mas reflita sobre como você pode contribuir para melhorar a situação de modo mais abrangente.

8. Contribua com a equipe

Você precisa lidar com suas tarefas e ainda provar aos funcionários que não tem medo de pôr a mão na massa. Agir como parte da equipe ajudará você a gerenciar o negócio com mais eficiência, além de garantir o respeito das pessoas acima e abaixo de você ou no mesmo nível.

9. Seja mais abrangente

Até agora, em sua carreira, todos lhe diziam que você tinha de dar um passo por vez e cuidar de cada detalhe. Ao avançar na escada corporativa, você tem de se concentrar mais na situação geral, enquanto a equipe de suporte cuida dos detalhes.

10. Seja sua própria incentivadora

O chefe exerce um trabalho em que pode não receber agradecimentos. Ninguém vai apertar sua mão e dizer que está fazendo um excelente trabalho. Você depende de si mesma para receber esses incentivos. Quando tiver trabalhado muito ou conquistado um objetivo, saia para almoçar, pague por uma massagem ou planeje um dia fora do escritório.

11. Venda suas conquistas para seus superiores

Ninguém estará presente para testemunhar algo espetacular que você fizer. Não tenha medo de se vangloriar diante dos superiores. Se não se sentir confortável para contar sobre suas conquistas, elogie a equipe. Isso não apenas fará com que ela pareça melhor, mas também seu chefe a verá como uma excelente líder. Ei, se você não fizer isso por si mesma, quem fará?

12. Fique do seu lado

Esperamos que, no passado, você tenha tido o apoio de outra pessoa quando as coisas estavam ruins ou quando alguém tentou lhe passar a perna. É pouco provável que tenha essa pessoa ao lado agora. Se perceber que está sendo tratada com injustiça, não se sinta intimidada para se defender. Afinal, mais uma vez, quem fará isso, senão você mesma?

13. Não leve as coisas para o lado pessoal

Geraldine Ferraro ainda poderia ter uma carreira política brilhante, se não tivesse levado questões partidárias a ferro e fogo diante da nação. É preciso ser firme no mundo dos negócios e perceber que, só porque alguém a deixa irritada, a passa para trás por causa de um aumento, ou a administração transfere um projeto para outro gerente, não significa que você é ruim. Lide com as decepções com classe. Lembre-se, esse conselho vale tanto para disciplinar um amigo quanto para advertir um trabalhador esforçado.

14. Não se esqueça de fazer a *network*

A formação de uma *network* é o que leva as pessoas ao círculo dos vencedores nos *reality shows*, e é o que você vai precisar fazer para sobreviver no complicado mundo dos negócios. Conheça o máximo de pessoas que puder, tanto dentro quanto fora de sua área. Gaste seu tempo formando percepções positivas e faça o que puder para ajudar os outros. Quanto mais pessoas a respeitarem como profissional, melhor será para você quando precisar de um favor delas. Essas pessoas não apenas serão capazes de ajudá-la num determinado ponto, mas também formarão um valioso grupo de apoio e talvez possam se tornar amigas para a vida toda.

15. Encontre um mentor

Procure por alguém dentro de sua empresa ou dentro de sua área que tenha mais experiência que você. Alguém com quem possa aprender. Alguém que esteja disposto a cuidar de você e a lhe passar toda a sabedoria que possuir. Formar esse tipo de conexão no início pode ajudá-la a passar pelos melhores e pelos piores momentos. Nada é melhor que ter alguém a quem recorrer para obter conselho e apoio sobre o trabalho.

A palavra
LINDA BRIERTY, TERAPEUTA

Por que você acredita que as mulheres têm tanto medo de ser vistas como megeras no local de trabalho?
Sem perpetuar os estereótipos de gêneros, deixe-me falar sobre isso. Algumas mulheres podem temer o próprio poder e liderança, e esse poder nem sempre é incentivado, tampouco permitido em certas situações. Mulheres fortes podem ser vistas como intimidadoras. Pode haver conseqüências negativas para aquelas que se expressam. Muitas mulheres foram condicionadas a querer aprovação e aceitação por parte dos outros, algumas vezes resultando em prejuízo próprio. Isso se relaciona ao papel histórico de cuidar dos outros e de negligenciar a si mesmas. "Autoprote-

ção", "autodefesa" e todas as palavras que começam com "auto", na verdade, podem ser vistas como "egoístas". Sabe-se muito bem que, quando uma mulher se comporta como seu colega do sexo masculino no ambiente de trabalho, ela costuma ser rotulada de modo negativo. Se ela é assertiva e defende aquilo em que acredita, é chamada de durona. Se é direta e não-emotiva, é chamada de fria. As expectativas são estabelecidas de acordo com os gêneros, apesar do progresso já ocorrido. Isso pode desestimular o comportamento assertivo e manter as mulheres tristes, mesmo atualmente. Como reagimos ao mundo de maneira tanto emocional quanto intelectual, pode ser difícil separar nossos sentimentos do trabalho em si. Podemos temer a rejeição ou ter problemas de dependência, incluindo a necessidade de sermos bem-vistas e parte de um grupo.

Para aquelas mulheres que assumem pela primeira vez a posição de chefes, você tem algum conselho que as ajude a superar o medo de dizer aos outros o que fazer?
As mulheres que assumem pela primeira vez a posição de chefes precisam lembrar a si mesmas de que não estão no colégio. Não se trata de um concurso de popularidade, apesar de ser muito importante que elas tenham tato para lidar com pessoas. Se você afastar seus funcionários, a produtividade sofrerá. Se todos estiverem motivados, ela vai aumentar muito. Lembre-se de que os funcionários são pessoas que têm sentimentos. Usar críticas construtivas no lugar de críticas pessoais é importante. É crucial manter a auto-estima de todos intacta. Quando você delega tarefas ou instrui alguém, está agindo de acordo com os fatos. Está simplesmente tentando realizar um trabalho. Não é algo pessoal, e é importante tirar as emoções do caminho, mantendo as discussões diretas e produtivas. Se há um problema, ele é identificado não como um assassinato do caráter, mas como uma questão a ser resolvida. Você pode encontrar soluções para manter a conversa em bom-tom. É importante identificar os pontos fortes dos funcionários. Mas você deve prever certo grau de raiva e de ressentimento por parte deles, simplesmente pela posição de autoridade que você agora tem. É uma situação inalterável. Sinta-se honrada. Lembre-se de que você também será um pára-raios para a "transferên-

cia de reações" de seus funcionários, o que quer dizer que os sentimentos provenientes de outros relacionamentos com figuras de autoridade serão projetados em você. Não leve para o lado pessoal e não reaja como se fosse algo pessoal. Ter poder significa dirigir os outros de modo respeitoso. Nem sempre as pessoas vão gostar de você, no entanto você terá de ser respeitada para manter sua autoridade. Você terá de estabelecer e manter limites profissionais com os indivíduos. Esteja preparada, pois pode ser algo solitário. Você não vai ser capaz de fazer parte de um grupo de amigos, pois todos falarão de você.

Você tem algo a dizer que motive as mulheres, coisas sobre as quais elas podem pensar ou que podem fazer para se sentirem bem consigo mesmas?
É preciso ter confiança em si mesma por causa de todas as suas grandes qualidades. Você precisa manter um diálogo interno de apoio e motivação. Desligue a "crítica interna" e pratique o amor por si mesma. Se não fizer isso, o mundo poderá derrubá-la com mais facilidade. Se falar e agir de modo a se proteger, estará cuidando de si mesma. Lembre-se de que somos criadas para cuidar dos outros, por isso essa mudança tem de ser consciente. Não somos mais uma exceção a nosso próprio cuidado e atenção. Não há nada de errado em gostar de si mesma, em encorajar-se – não é um pecado capital de orgulho. Nossa luz brilha com mais intensidade dessa forma, e podemos nos recusar a baixar nossa chama para qualquer pessoa. Quando você vence seu próprio ego, pode fazer mais no mundo e pelo mundo.

Sem tempo livre?
Equilibrando casa, família e amigos

É fácil deixar-se levar pela emoção de realizar um bom trabalho, de trabalhar até cansar, ficando até tarde no escritório e indo até lá nos fins de semana. Certa vez, tivemos uma chefe que mantinha recados escritos com giz de cera perto de sua mesa, nos quais se lia: "Lembre-se, mamãe, a família vem em primeiro lugar". Nunca quisemos ser esse tipo de amiga ou mãe, e fizemos um esforço consciente para encontrar o equilíbrio certo entre nossa vida pessoal e profissional. Aqui estão algumas dicas sobre como ter uma vida social e familiar e, ainda assim, realizar um bom trabalho:

Organize seu tempo em casa

Quanto mais organizar seu tempo em casa, mais tempo terá para passar com a família e os amigos. Faça listas e cronogramas para que as tarefas domésticas sejam tão bem realizadas quanto as profissionais. Há alguns programas de calendários disponíveis na Internet que permitem que você organize o dia-a-dia da família toda, incluindo o da babá, e eles automaticamente enviam lembretes para que você não se esqueça de mandar o carro para o conserto ou de ir ao médico. Isso é ainda mais útil para pais divorciados, pois oferece um local neutro para que todos conheçam a programação.

Não se esqueça dos amigos

As amizades às vezes são tão importantes quanto os relacionamentos familiares. É muito relaxante encontrar as amigas e fingir que todas têm 16 anos novamente. Se é difícil achar um tempo para vê-las, programe um encontro uma vez por mês e comprometa-se a nunca faltar, não importa o que aconteça. Temos um grupo de leitura mensal que se reúne há anos e, como todas evoluímos no trabalho, deixamos de reclamar de nossos chefes e passamos a discutir os desafios de sermos as chefes. Kim se reúne com as amigas do colégio dois fins de semana por ano e geralmente estende uma viagem de negócios para passar uma noite de sábado na cidade em que estiver, caso tenha uma amiga que more ali. Seu chefe não se incomoda, porque o custo reduzido da passagem aérea geralmente cobre o custo de uma noite a mais no hotel.

Mantenha-se bem-humorada

Por mais que as coisas fiquem complicadas no trabalho, ou por mais maluca que a vida possa ser em casa, mantenha-se positiva.

Nada gasta mais tempo e energia que um comportamento negativo. Acredite, nem sempre é fácil. Quando estamos tristes e frustradas no trabalho, concentramos nossa energia em transformar o negativo em positivo. Gostamos dos resultados. Por exemplo, se estamos sentindo a pressão da falta de dinheiro em nosso negócio, dedicamos vinte minutos para cobrar pessoas que nos devem algum valor, enviando *e-mails* e dando telefonemas. Esse pequeno exercício nos motiva de diversas maneiras: 1) temos a vantagem de nos sentir bem com a resolução de um problema; 2) imediatamente vemos uma luz no fim do túnel, pois sabemos quando o dinheiro virá; e 3) revigoramos nossa energia para fazer um bom trabalho e conseguir novos serviços, pois adoramos receber dinheiro.

Se nos sentimos pressionadas por não conseguir bastante mídia para um cliente, paramos tudo que estamos fazendo e passamos vinte minutos entrando em contato com a imprensa. Invariavelmente, conseguimos alguma coisa e, mais uma vez, ficamos felizes por tornar a situação positiva.

Tempo para você

O mais importante de tudo: você tem de conseguir tempo para si mesma, caso contrário nunca conseguirá gerenciar todas as coisas e ainda assim manter a sanidade. Acorde meia hora antes que o resto da família e saboreie uma xícara de café em paz. Fuja para uma aula de ioga para descansar no meio do dia.

Conversa de mulher
STACY MADISON, CO-FUNDADORA DA STACY'S PITA CHIP COMPANY

Após uma carreira de quatro anos no serviço social, Stacy conheceu o cofundador da Stacy's Pita Chip Company, Mark Andrus. Os dois logo descobriram que eram amantes de comida e que ambos queriam seguir carreira na indústria alimentícia. Após decidirem começar a trabalhar juntos, Stacy e Mark se mudaram para a Costa Leste, onde a Stacy's Pita Chip

Company nasceu. Como fundadora de um negócio liderado por uma mulher, Stacy foi convidada para ir à Casa Branca em 1999. Além disso, em 2004, foi homenageada pela Jewish Women International como uma das dez mulheres que servem de exemplo nos Estados Unidos e em Israel. A empresa também recebeu o prestigiado prêmio Boston Chamber of Commerce Small Business of the Year e foi homenageada com o prêmio Fleet Bank Entrepreneur of the Year.

Qual foi sua primeira experiência como chefe?
Acho que sou uma líder nata. Minha professora da terceira série costumava dizer que eu era uma "borboleta social", mas ser amigável ajudava muito quando o assunto era motivar e gerenciar pessoas. Meu primeiro emprego foi como assistente administrativa em um restaurante com temática de surfe, que possuía cerca de trinta funcionários. Eu não era amiga das pessoas que trabalhavam ali, mesmo gostando delas, mas acredito que elas se sentiam confortáveis para conversar comigo sobre problemas, e não havia conflitos nem ressentimentos. Antes mesmo de eu ser assistente social, sempre acreditei que a melhor maneira de resolver as coisas é conversando, por isso eu encarava os problemas de frente.

O que você aprendeu sobre si mesma quando começou a gerenciar pessoas?
Descobri como era difícil manter um equilíbrio entre os diferentes tipos de personalidade, e que eu tinha de estar sempre ciente de que precisava ser objetiva e não-emotiva.

Você pode nos contar sobre a primeira vez em que precisou demitir alguém?
Em meu primeiro emprego em restaurantes, tive de demitir um garçom. Eu me senti tão mal com aquilo que a experiência pareceu mais uma sessão de terapia do que uma demissão. Na época, eu nunca havia sido demitida, e fiquei tão mal que tentava imaginar como aquele rapaz se sentia. Conversei com ele por mais de uma hora, reforçando seu valor e sua importância, apesar de o estarmos demitindo. Foi difícil, acho que fiquei mais traumatizada que ele!

De que você mais gosta na posição de chefe?
Adoro dar às pessoas a chance de trabalhar independentemente e de sentir a alegria que vem com a autonomia e com o sentimento de orgulho do próprio trabalho.

Como você aplicou à sua vida pessoal o que aprendeu como chefe?
Aprendi o valor de dar independência e autoconfiança. Ao observar como os funcionários se desenvolvem quando recebem muita responsabilidade, consigo me ver como o tipo de mãe que dá aos filhos muita independência e responsabilidade.

O que você analisa quando contrata alguém?
Depende muito da personalidade. Por fazer parte de uma empresa privada, o funcionário, quando é contratado, está se tornando parte de uma equipe ou família. Quase todo trabalho pode ser aprendido, mas trabalhar com outras pessoas não é algo que pode ser ensinado. Eu teria de dizer que encontrar uma boa personalidade é 98% do segredo.

Como você motiva os funcionários?
É sempre bom motivar as pessoas financeiramente, mas nem sempre é possível. Descubra do que elas gostam, e você terá muitas maneiras de motivá-las. Também é extremamente importante reconhecer as contribuições e não tirar vantagem do fato de as pessoas estarem trabalhando muito por você. Um indivíduo pode ter um emprego maravilhoso no qual ganhe muito dinheiro e, mesmo assim, detestar ter de ir trabalhar todos os dias. Se você promover uma atmosfera na qual as pessoas amam o que fazem, pode mudar muitas vidas.

Você tem algum conselho para as mulheres que são chefes pela primeira vez?
Ouça e seja criativa. A coisa mais importante a ser descoberta é do que as pessoas gostam, desde benefícios e férias até reconhecimento, a família e passatempos favoritos. Assim, você saberá como recompensar alguém sem ser financeiramente.

2

A situação geral

O QUE É NECESSÁRIO PARA SE TORNAR UMA ÓTIMA LÍDER

Não é fácil para as mulheres se tornarem grandes líderes. Forças conspiram contra elas. Desde o início dos anos 80, estudos têm mostrado que o que funciona para os homens não funciona para as mulheres num contexto de liderança. Os mesmos estudos também mostram que as mulheres não são criadas para ser líderes e que ótimos exemplos de liderança do sexo feminino são raros. Claro, temos Eleanor Roosevelt, Hillary Clinton, Madeleine Albright, Condoleezza Rice, Oprah Winfrey, Maya Angelou, entre outras, mas, além delas, você é capaz de se lembrar de mais alguém? Ao procurarmos por *sites* na Internet, o único que surge como dedicado às mulheres-líderes ao longo da história é <www.guide2womenleaders.com>, que é escrito e mantido por uma freira dinamarquesa!

Quer você já tenha sido promovida, quer espere uma promoção para o futuro, agora é a hora de se certificar de que tem as características certas para ser uma chefe ótima, e não apenas boa. Por onde começar?

Não se trata de um processo simples e rápido. Para algumas mulheres, será preciso uma vida inteira de trabalho até conseguirem se tornar líderes admiradas e valorizadas. Agora, você deve adotar estratégias e hábitos que a colocarão no caminho certo. Mas o mais importante é monitorar seu progresso e continuar aprendendo e crescendo.

Por que ser chefe nem sempre é chato: o que espera por você

Pense em como você se sente bem quando conquista alguma coisa, quando percebe que fez um trabalho de qualidade. Cumprir as tarefas de uma lista de afazeres está entre uma das coisas mais satisfatórias do dia de qualquer pessoa. Agora, multiplique essa sensação por cinco, dez ou talvez cem – essa é a recompensa para chefes e líderes. Sua tarefa como chefe ou líder é facilitar as conquistas das outras pessoas. Os líderes dão orientação, apoio, inspiração e espaço para que seus subordinados alcancem os objetivos.

Somos levadas a acreditar que liderar é a habilidade mais natural do mundo, mas estamos aqui para afirmar que ela não só não é natural para a maioria, como também é extremamente difícil para todos. Não somos mocinhas incapazes, no entanto, ainda assim, julgamos um grande desafio conseguirmos estabelecer nossa autoridade sem nos sentirmos as maiores megeras da face da terra.

Liderança envolve um relacionamento. Uma pessoa lidera e a outra obedece. E, como as mulheres sabem melhor do que ninguém, os relacionamentos são complicados. O outro lado raramente reage como você espera, e é preciso aprender com nossos erros o tempo todo. Segue aqui um bom exemplo.

Bruxa boa ou bruxa má?

FIRME, PORÉM JUSTA

Contratamos uma nova assistente para nosso escritório. Fizemos um rigoroso processo de entrevistas e encontramos uma jovem extremamente ativa, esperta e entusiasmada. Explicamos a ela quais seriam suas primeiras responsabilidades e colocamos para trabalhar. Combinamos que passaríamos certo tempo com ela todos os dias, individualmente, e que lhe enviaríamos uma cópia da maioria de nossos e-mails. Estávamos, porém, com os prazos de entrega apertados, por isso dissemos que ela teria de aprender o máximo que conseguisse escutando e perguntando. Não tivemos muito tempo para ensiná-la – o que não é um bom método de administração. Afinal de contas, estávamos completamente ocupadas com uma tarefa "importante", conseguindo novos trabalhos, cuidando do escritório e atendendo aos clientes já existentes. Nossa assistente estava ali para tornar nossa vida mais fácil, e não o contrário. Estávamos seguindo um modelo que nos fizera sofrer no início de nossa carreira. Em nosso primeiro emprego, ficamos desesperadas, pois nossa chefe nos havia jogado logo na parte mais funda da piscina. O estilo "nade ou afunde" de administração não funciona. Até mesmo o funcionário mais bem articulado ficará frustrado e cometerá erros.

Dez dias após seu início, uma série de problemas ocorreu. Kim estava em Paris, curtindo um feriado prolongado, e Caitlin tentava remar o barco. A Internet, sem mais nem menos, caiu, o que obviamente pode ser desastroso para qualquer negócio pequeno. Quando Kim retornou, a Internet ainda não havia sido restabelecida, e não havia data determinada para os reparos. Kim receberia um autor que teria um encontro de três dias com os editores, por isso ela não ficaria no escritório. Durante esse tempo (já estávamos com a nova assistente havia treze dias), precisamos de uma cópia do manuscrito do autor para levar a uma das reuniões. A assistente rapidamente preparou a cópia e a entregou a Kim, que estava saindo apressada. Na reunião com a editora da revista *Organic Style*, Kim e o autor perceberam que as páginas estavam fora de ordem e de cabeça para baixo, e que faltava o capítulo sobre produtos orgânicos. Aquilo foi humilhante. Kim sabia que o autor esperava que o erro fosse explicado imediatamente.

Em nossa parceria, dependemos uma da outra quando certas habilidades que não possuímos se fazem necessárias. Kim deixa as conversas mais difíceis para Caitlin, que tem um jeito brilhante de se manter calma e comedida em caso de conflito. Kim costuma ser mais emotiva e exagerada. Ela telefonou para Caitlin e não conseguiu encontrá-la. Mas o autor estava parado diante dela, esperando uma solução. Kim telefonou para a assistente e pediu que enviasse, por mensageiro, uma nova cópia do texto para a editora, pois ela acabara de sair da sala e havia entregado uma cópia incompleta. Quando a assistente começou a se desculpar, Kim rapidamente disse que não adiantava pedir desculpas, mas que, por favor, não cometesse novamente aquele erro, pois: a) era bastante embaraçoso; e b) era algo inaceitável na empresa. Depois do telefonema, o autor parabenizou Kim por ser firme, porém justa.

Na noite seguinte, nossa assistente foi até a mesa de Kim, pediu que fosse reservado um horário para que as duas conversassem e começou a chorar.

"O que foi?", Kim perguntou. Ela pensava que a jovem estava com um problema pessoal grave, quando, na verdade, o problema era profissional. A assistente disse que queria fazer um bom trabalho e ser bem-sucedida, mas que precisava de mais. Precisava de reforço positivo e apoio – muito mais apoio. Kim não devia dizer o que ela fazia errado, e sim o que fazia certo. Ela não conseguiria trabalhar ali se Kim continuasse sendo tão negativa. Kim precisava elogiar seu esforço e, com gentileza, apontar as áreas em que precisava melhorar. Kim ficou chocada. Não apenas havia interpretado a situação de modo errado, como também elogiara as próprias habilidades de gerenciamento.

Contamos essa história diversas vezes a outras chefes, e as opiniões se dividem em duas: a) Livre-se dela, pois é carente demais e, em seu trabalho como assistente, deve preocupar-se com a equipe, e não consigo mesma; e b) Ótimo para ela, pois disse de que tipo de gerenciamento necessita.

Foi uma lição de gerenciamento para nós. Após alguns dias de reflexão, percebemos que tínhamos uma boa funcionária e que deveríamos fazer tudo que pudéssemos para treiná-la adequadamente. Quando alguém é esperto e trabalhador, vale a pena fazer um esforço extra para adequá-lo ainda mais a seu emprego.

Liderança situacional: assumindo o comando

Todas as mulheres que entrevistamos tinham sua própria filosofia e sua abordagem de liderança. O modelo que funciona bem para muitas mulheres, incluindo nós mesmas, é uma abordagem chamada liderança situacional. Liderança situacional significa ser a mulher certa, no lugar certo e na hora certa. A maioria das mulheres faz isso todos os dias: elas tentam não ficar zangadas com um colega nervoso que está em seu primeiro dia, acompanham de perto alguns funcionários porque precisam de mais supervisão ou dão liberdade a quem sabe lidar com ela.

Nosso guru de gerenciamento preferido, Ken Blanchard, autor da série *O gerente minuto*, criou um modelo de liderança situacional, no livro *Autoliderança e o gerente minuto*, que nos permite analisar as necessidades de nossos funcionários e adotar o estilo de gerenciamento mais apropriado. Parece complicado, mas é simples e faz muito sentido para nós.

Em primeiro lugar, aprenda os quatro estilos de liderança de Blanchard: direcionar, acompanhar, apoiar e delegar. Quando você estiver "direcionando", oferecerá orientação específica e observará com atenção o progresso rumo ao objetivo. Quando estiver "acompanhando", continuará a direcionar e a observar atentamente, mas também passará a explicar decisões, a solicitar sugestões e a apoiar o progresso. Quando estiver "apoiando", facilitará e apoiará os esforços para a realização das tarefas e também dará aos funcionários a responsabilidade de tomarem as próprias decisões. Por fim, quando estiver "delegando", você passará a responsabilidade pela tomada de decisões e pela solução de problemas ao funcionário.

Blanchard identifica quatro tipos de funcionários. Ele estabeleceu um código alfanumérico para cada um, mas que achamos um pouco chato e difícil de lembrar, por isso criamos novos nomes. Blanchard se refere aos funcionários "com baixa competência e alto comprometimento" como D1s. Nós os chamamos de "jovens e dispostos", e gostaríamos de encontrar mais deles. Os jovens e dispostos são novos no mercado de trabalho e conhecem muito pouco a respeito do mundo real, mas, ainda assim, têm muito entusiasmo e desejo de fazer um bom trabalho. Os D2s, segundo Blanchard, têm "baixa competência e baixo comprometimento", e nós os chamamos de "descartáveis". A vida é curta demais para que se mantenham na equipe indivíduos que não sabem o que estão fazendo e não querem obter sucesso. Os D3s na classificação de Blanchard têm "de moderada a alta competência e comprometimento variável". Chamamos as pessoas desse grupo de "competentes, porém carentes": sabem o que estão fazendo e fazem bem, mas precisam de incentivo e apoio regulares. Por fim, os D4s apresentam "alta competência e alto comprometimento", e são as "estrelas".

Agora, reúna todos. "Direcione" os "jovens e dispostos". Diga, com palavras bem claras, o que, como e quando eles têm de fazer. Dê sistemas aos "jovens e dispostos". Lembre-se de que a maioria deles nunca trabalhou antes. Mostre como devem organizar a mesa, o trabalho e o tempo. Dê a eles lembretes e sistemas freqüentes para checar – de manhã, uma lista de afazeres diários e, à tarde, um *e-mail* descrevendo o que foi feito são ótimas maneiras de mantê-los focados e trabalhando. Pedimos para nossa assistente fazer a agenda da reunião semanal de funcionários e distribuir as minutas. Essa tarefa a ajuda a aprender sobre nosso negócio, saber o que cada um está fazendo e analisar as peças importantes do desenvolvimento.

Se houver funcionários "descartáveis" em sua equipe, e se você tiver energia para lhes dar uma chance, então "acompanhe". Ofereça orientação, ajuda, apoio e elogios para aumentar a auto-estima deles, e envolva-os na tomada de decisões para que retomem o comprometimento. Acompanhar pode ser difícil e, no mínimo, demorado. Você não está apenas ensinando a um funcionário a responsabilidade do trabalho dele, como também tentando inspirá-lo. Se você vai levar isso adiante, o primeiro passo deve ser uma reunião do tipo "encontre Jesus". Reúna-se com o funcionário e explique onde as coisas estão erradas. Seja específica e direta. Uma de nossas funcionárias mais antigas e confiáveis passou por um momento ruim. Ela começou a chegar atrasada todos os dias, não cumprir prazos e não participar de reuniões, e passou a agir de modo inadequado diante de outros membros da equipe. Sentamos com ela e explicamos as regras – apesar de nos preocuparmos com ela e respeitarmos o trabalho que havia nos prestado no passado, seu desempenho atual era inaceitável e teria de ser mudado imediatamente, ou ela teria de encontrar outro emprego. Ficamos felizes em dizer que ela mudou o comportamento completamente e que, desde então, tem sido maravilhosa.

"Apóie" os "competentes, porém carentes". Eles não precisam que você os ensine a realizar o trabalho, apenas precisam de incentivo e reconhecimento por um trabalho bem-feito. Laurice Duffy, presidente da LDK Cleaning Service, gerencia uma firma de limpeza há dez anos. Em um ramo em que a rotatividade é extremamente alta, ela ainda mantém algumas funcionárias que trabalham ali desde a abertura da companhia. A chave de seu sucesso é a comunicação. Todas as funcionárias limpam bem, e Laurice quer que elas saibam que o trabalho que realizam é importante para o funcionamento da empresa. Afinal de contas, elas são o coração do negócio, e Laurice as trata como tal. Ela passa quase 50% de seu tempo se comunicando com suas funcionárias (o que nem sempre é fácil, uma vez que a maioria não fala inglês). Ela realiza uma reunião todas as manhãs, quando elas chegam para buscar seus equipamentos. Revisa a programação e dá instruções específicas de cada cliente. Controla o trabalho delas ao longo do dia, e as supervisoras entram em contato com ela ao final de cada turno, contando o que foi feito durante o período. Suas "meninas", como ela as chama, são competentes nos serviços de limpeza, mas precisam saber que Laurice está atenta ao trabalho e que agradece todos os esforços.

Se você tiver a sorte de contar com "estrelas" em sua equipe, "delegue" responsabilidades e projetos a elas. As "estrelas" sabem o que e como fazer, e não é necessário que você as controle o tempo todo. Devem ser reconhecidas por suas conquistas e promovidas. "Estrelas" são raras e não continuarão em sua empresa, a menos que você torne o desenvolvimento da carreira delas uma prioridade. Envolva-as no processo de trabalho. Elas querem uma reunião semanal com você? Um *e-mail* por dia? Uma avaliação mensal? Uma mistura de tudo isso? Deixe que elas estabeleçam a programação e procurem você quando for preciso. Lembre-se de que seus melhores funcionários passarão por esses estágios de desenvolvimento e que, se receberem novas responsabilidades, podem trabalhar em um nível diferente nessas áreas enquanto continuam a obter bons resultados nas partes do trabalho em que têm mais experiência.

A palavra
LIBBY SARTAIN, DIRETORA DE PESSOAL, YAHOO!

Libby Sartain é a vice-presidente e diretora de recursos humanos do Yahoo!. Com mais de 25 anos de experiência no comando dos recursos humanos, Libby é responsável por liderar os esforços globais desse setor no Yahoo! e por gerenciar e desenvolver a equipe de recursos humanos. Ela também se concentra em atrair, manter e desenvolver funcionários que promoverão e fortalecerão a cultura da empresa, além de representar a poderosa marca Yahoo!.

Antes de começar a trabalhar na Yahoo!, em 2001, Sartain foi vice-presidente de pessoas na Southwest Airlines. Trabalhando ali desde 1988, Libby gerenciava um quadro de trezentos funcionários e liderava todas as tarefas de recursos humanos da companhia, incluindo contratação, treinamento, benefícios e premiações. Ela também desempenhou um papel-chave no desenvolvimento de estratégia da marca, o que ajudou a dobrar o crescimento dos funcionários em seis anos.

Libby compartilhou conosco suas idéias sobre liderança, mulheres no local de trabalho, equilíbrio entre trabalho e família e desenvolvimento da carreira.

- Acredito que servimos àqueles a quem lideramos dando-lhes as ferramentas, o conhecimento e a orientação de que precisam para realizar o trabalho. As pessoas obtêm sucesso no local de trabalho mantendo bons relacionamentos com os indivíduos que ocupam cargos superiores, inferiores e similares aos delas. Isso é feito pensando nas necessidades dos outros, e não nas nossas.

- Sou simpática e deixo as portas de meu escritório abertas. Os desafios que as mulheres enfrentam no ambiente de trabalho atualmente são diferentes dos que enfrentei quase trinta anos atrás. O desafio de meu grupo era o fato de sermos a primeira geração de mulheres que tinham realmente os mesmos objetivos e sonhos de carreira que os homens e de havermos entrado no "ambiente dos meninos". A geração de mulheres de hoje (e falo isso não apenas como executiva de recursos humanos, mas também como mãe de uma mulher de 22 anos) encontra uma nova realidade. As faculdades de direito e de medicina e os programas de MBA são igualmente divididos, há homens e mulheres. Por isso, quando as diferenças de gênero entram em questão, elas não as reconhecem e as ignoram. Acredito que, com o passar do tempo, essas diferenças serão cada vez menos discutidas.

- Alguns problemas surgem da atitude e do ponto de vista. Não procure por discriminação na atitude de chefes, colegas e subordinados. Ao subir os degraus da carreira, às vezes você precisa ser um pouco mais quieta e aproveitar para escutar e aprender. Quando me deparo com problemas, eu me pergunto se eles se devem ao fato de eu ser mulher, mas geralmente vejo os mesmos desafios para os homens em posições mais altas. As pessoas sempre indicam a ausência de mulheres diretoras como uma prova de que existe discriminação contra as mulheres no ambiente de trabalho. Eu tenho outra opinião. Acredito que, dentre todas as executivas que conheço, poucas querem ser CEOs. Acho que as mulheres que têm filhos percebem que ser diretora é uma responsabilidade muito grande.

- As mulheres e os homens têm as mesmas esperanças e os mesmos sonhos quando entram na força de trabalho. A maioria das pessoas chega ao trabalho todos os dias desejando dar o melhor de si, a dar e acrescentar valor. E querem ter a certeza de que, se derem o que se espera delas, serão recompensadas.

Seja honesta:
seus pontos fracos e fortes como líder

De acordo com o estudo de Hay, feito por especialistas mundiais em clareza organizacional, capacidade pessoal e comprometimento profissional, a confiança na liderança foi o sinal mais seguro da satisfação em uma empresa. Por isso, para manter pessoas felizes e produtivas, é preciso sempre avaliar os pontos fracos e fortes que você tem como líder. Usamos os dados do estudo para criar os seguintes tópicos:

- **Você comunica a estratégia geral de negócios da empresa aos funcionários?** Certifique-se de que cada departamento saiba como seus objetivos ajudam a levar a empresa para a frente. É importante que os gerentes conheçam todos os níveis da operação. Os funcionários precisam se sentir parte do objetivo maior da companhia, caso contrário, eles se desinteressam e se distraem com facilidade. Isso acontece principalmente com novos membros do quadro, que têm apenas algumas tarefas individuais, e não projetos inteiros para realizar.

- **Você comenta com os funcionários como as contribuições deles ajudam a atingir os objetivos no negócio?** Os funcionários querem comunicação constante, principalmente a respeito de como seus esforços ajudam no sucesso da empresa. Crie sistemas para comunicar as boas notícias aos funcionários, aos departamentos e à empresa toda. Muitas empresas grandes estabeleceram sistema de Intranet para comunicação interna. As informações são divididas entre departamentos, e os funcionários são incentivados a registrar suas atividades.

- **Você compartilha informações sobre como a empresa vai e sobre como a parte de um funcionário está indo?** Os funcionários, principalmente os que possuem ações da empresa como parte de seus planos de aposentadoria ou pensão, têm muito interesse no sucesso da empresa e querem relatórios freqüentes.

- Você conhece seu trabalho de cor e salteado e tem familiaridade com as tarefas de seus funcionários? Como gerente, você tem a responsabilidade de dar o exemplo.
- Você procura maneiras de guiar sua empresa para novos avanços? O papel mais importante de um líder é fazer a empresa prosperar.
- Quando as coisas vão mal, você analisa a situação, faz reparos e passa para o próximo desafio, evitando colocar a culpa nos outros, ou você se prende a problemas do passado? Culpar as pessoas é a maneira mais fácil de perder a confiança da equipe. É o que sempre escutamos em nossas entrevistas – chefes ruins são acusadoras. O segundo erro mais citado é levar o crédito pelo trabalho da equipe. Como líder, você tem de se orgulhar das conquistas de sua equipe. Afinal, se ela é bem-sucedida, você também é.
- Você toma decisões importantes e no momento certo, garantindo o cumprimento de prazos para seus funcionários? A pior coisa que você pode fazer é segurar a equipe por estar muito ocupada para dar retorno.
- Você é um bom modelo para seus funcionários? Você não pode apenas dizer a eles o que fazer: eles precisam vê-la fazendo o que quer que façam. Obviamente há outro lado nisso: é melhor que eles não a vejam tomando atitudes erradas.
- Você se importa com o bem-estar e a satisfação de seus funcionários? É melhor se importar.
- Você trabalha com sua equipe para desenvolver bons hábitos de trabalho e senso de responsabilidade? Não pense que os funcionários sabem o que fazer sem que você explique.
- Você tem o cuidado de fazer com que os funcionários entendam o que precisam conseguir e saibam como realizar as tarefas? Os subordinados precisam de uma boa explicação e do passo a passo. Não se esqueça.
- Vocês trabalham como uma equipe, e não como um grupo de pessoas fazendo suas tarefas individualmente? Trabalhar como uma verdadeira equipe exige tempo e esforço. As chefes precisam

avaliar os pontos fortes e fracos de cada membro e, em seguida, estabelecer um plano para obter o máximo de produtividade do grupo.

Você está usando todas as capacidades de sua organização?

De acordo com Meredith Belbin, autora de *Management Teams: Why They Succeed or Fail*, há nove papéis numa equipe, e todas nós desempenhamos uma ou mais funções. O segredo de uma equipe boa e eficiente é criar um equilíbrio saudável entre os indivíduos ou identificar os papéis que você precisa que os membros de sua equipe desempenhem, caso esses não sejam os papéis naturais de cada um.

Aqui estão os nove papéis de Belbin:

A planta
É o pensador. Ele gera novas idéias, oferece soluções a problemas, pensa de maneira radicalmente diferente, lateralmente, criativamente.

O investigador de recursos
É criativo, gosta de ter idéias e colocá-las em prática. É extrovertido e popular.

O coordenador
Altamente disciplinado e controlado, concentra-se nos objetivos, unifica a equipe.

O moldador
Muito focado em conquistas, gosta de ser desafiado e de obter resultados.

O avaliador-monitor
Analisa, equilibra e pondera, é calmo e desprendido, pensa objetivamente.

O trabalhador de equipe
Incentivador e cooperativo, é bom diplomata, porque só quer o que é melhor para o grupo.

O implementador
Tem boas habilidades organizacionais, demonstra ter bom senso, gosta de ver o trabalho realizado.

O complementador
Checa detalhes, organiza suas coisas, é completamente consciente.

O especialista
Dedicado a obter uma habilidade especializada, é extremamente profissional, tem força de vontade e dedicação.

Na YC Media, nossa empresa de relações públicas, procuramos por moldadores. Precisamos de profissionais extremamente motivados que desejem obter resultados. Também precisamos que eles demonstrem habilidades de complementadores, por isso temos de criar sistemas que forcem os moldadores a "cuidar dos detalhes".

Os erros que as mulheres cometem: às vezes é mais difícil ser uma garota

Há alguma gerente que você realmente admira? Uma chefe que sempre foi incentivadora e justa, que a guiou por todos os caminhos de sua carreira, que a ensinou, acompanhou e promoveu? Nós também não. Chefes excelentes do sexo masculino são raros, e chefes excelentes do sexo feminino são ainda mais raros. Não estamos, aqui, traindo as mulheres. Há uma situação dupla no ambiente de trabalho. O que serve para um homem geralmente não serve para uma mulher. Diversas vezes, em nossas entrevistas, escutamos a mesma coisa: "Prefiro trabalhar para um homem; as mulheres são emotivas demais". Sarilee Norton, presidente da Tru-Tech, divisão da Temple-Inland, resumiu bem o que acontece: "Um homem pode esbravejar e xingar, e as pessoas dizem que ele está nervoso. Uma mulher que fizer a mesma coisa é chamada de maluca. Se eles puderem se referir a você assim, não precisam prestar atenção na questão".

Tente identificar um modelo em sua empresa e siga seus passos. Tivemos chefes que eram obviamente brilhantes, criativas e talentosas. Elas cuidavam das equipes, pequenas e grandes, e nós queríamos trabalhar muito para elas todos os dias. No entanto, mesmo com todo o talento e o sucesso óbvio delas, sempre tínhamos a impressão de que poderiam ter feito mais para inspirar e incentivar o grupo. Após passarmos algumas horas na Internet, pesquisando sobre treinamento de liderança para mulheres, ficamos chocadas ao descobrir que a maioria das mentoras do sexo feminino, ou mesmo as mentoras virtuais, eram mulheres brancas e mais velhas, que vestiam sapatos e terno. O conselho que elas oferecem a jovens mulheres que conseguem a primeira entrevista de emprego parece bastante frio: "Quando conhecemos alguém, a primeira impressão é feita nos trinta segundos iniciais. Devemos prestar atenção em tudo que pudermos controlar nesses trinta segundos, como o modo de se vestir, a pose, a etiqueta, o contato visual, a voz e o aperto de mão. Tente demonstrar profissionalismo e calor humano. Quanto às roupas, lembre-se de que se vestir para o sucesso nunca sai de moda! Arrume a postura e sempre cumprimente com um aperto de mão e se apresente. Dê um aperto de mão de forma completa e firme. Cuide para manter contato visual (em vez de olhar para a porta ou para o teto, o que pode ocorrer quando estamos nervosas). Olhar as pessoas nos olhos transmite confiança e receptividade. Preste atenção no modo como se senta, como cruza as pernas (na altura do tornozelo é a melhor maneira) e o que faz com as mãos (coloque-as sobre o colo). Sua postura faz parte do conjunto. Como está sua voz? Uma voz fraca exige que as pessoas se esforcem demais para escutá-la. Por outro lado, uma voz alta pode sair forte demais. Muitas pessoas aumentam ou diminuem a voz quando estão ansiosas. Cuide de seus modos".

Ela está de brincadeira? "Sua postura faz parte do conjunto." Paramos de escutar bem aí. É claro que a postura é importante, mas é assim que dizemos isso? Nossa mãe e nossas avós lutaram para que fôssemos à faculdade e conseguíssemos trabalho para que alguém nos enfiasse em sapatos delicados e ternos de seda real? Esperamos que não. Nada disso transmite liderança. Nossa visão de liderança permite que as pessoas sejam elas mesmas enquanto lutam pelo bem do grupo. É claro que uma cultura corporativa entra em cena, no entanto deveria ser possível ser uma boa líder e ainda manter a identidade.

Líderes, conheçam a si mesmas: características e testes de personalidade

Ninguém nos descreveria como executivas, por isso, quando as mulheres que entrevistamos nos apresentaram jargões e siglas, fizemos algumas pesquisas. Descobrimos que testes de personalidade são muito aplicados em entrevistas de emprego, centros de aconselhamento profissional e seminários sobre treinamento administrativo. Os resultados devem ajudá-la a conhecer melhor a si mesma para que você possa moldar seu estilo de gerenciamento para lidar com pessoas com personalidades diferentes. Você aprende a adaptar seu estilo conforme surgem novas situações. Nós duvidávamos disso até uma colega nos contar uma história. Ela era executiva em uma empresa de rápido crescimento e estava se sentindo sobrecarregada com os desafios de gerenciamento que seu quadro de funcionários, cada vez mais amplo, apresentava. Solicitou um treinamento administrativo e, então, foi mandada para um seminário de um dia. No início do seminário, o grupo recebeu o Indicador de Tipos Myers-Briggs, desenvolvido por Katherine Briggs e sua filha, Isabel Briggs Myers, com base nos estudos do psicólogo Carl Jung sobre tipos psicológicos. A escala MBTI é formada por quatro categorias básicas, e cada uma delas tem dois lados opostos. As pessoas costumam "voltar-se" mais para um lado ou para o outro de maneira moderada ou, em alguns casos, exagerada. Dessa divisão básica, surgem oito "preferências" psicológicas e dezesseis "tipos" de personalidade. Os consultores administrativos usam os resultados dos testes para prever comportamentos. Por exemplo, pessoas excessivamente extrovertidas têm de compreender que, quando um membro introvertido da equipe não se levanta nem bate palmas por um trabalho bem-feito, não está sendo desrespeitoso, mas, simplesmente, não se sente à vontade para se levantar e aplaudir.*

Extroversão/introversão

As primeiras preferências medidas pelo teste Myers-Briggs têm a ver com lidar com o mundo exterior. Os extrovertidos (E) são energizados, por interagirem com os outros, e podem até falar sem pensar muito. São pessoas de ação e apresentam suas melhores habilidades ao mundo. Os introvertidos (I) preferem reflexões silenciosas e podem pensar em alguma coisa sem nunca chegarem ao ponto de contar às outras pessoas.

Sensação/intuição

O próximo conjunto de preferências, que são as diferenças entre sensação e intuição, afeta o modo como recebemos e processamos dados. Os sensoriais (S) reúnem informações por meio de experiências e são práticos e organizados. Os intuitivos (N) reúnem informações por meio de relacionamentos e conceitos, aprendendo coisas pela observação e analisando idéias antes de conhecer os detalhes.

Pensar/sentir

As diferenças entre pensar e sentir afetam a maneira de tomarmos decisões. Os racionais (T) tomam decisões objetiva e impessoalmente, usando a lógica. Os emocionais (F) tomam decisões subjetiva e pessoalmente, com base no que acreditam ser "correto". Um racio-

---

* Uma versão adaptada do teste em português pode ser encontrada no *site* <www.inspiira.org>. (N. do E.)

nal costuma decidir as coisas com base na lógica, enquanto um emocional usa como base mais as emoções e os sentimentos dos outros. É interessante notar que, pelo menos nos Estados Unidos, cerca de 67% dos homens são racionais, enquanto 67% das mulheres são emocionais.

Julgar/observar

Por fim, as diferenças entre julgar e observar afetam o modo como preferimos viver. Os julgadores (J) gostam de ser planejadores e estruturados e de ter as coisas estabelecidas e decididas. Os perceptivos (P) gostam de ser espontâneos, desestruturados, receptivos e flexíveis.

Tudo isso parece complicado demais até voltarmos para a aula de gerenciamento de nossa amiga. Depois de os participantes responderem a uma série de perguntas e os resultados serem contados, o grupo foi dividido em julgadores e perceptivos, e todos receberam a instrução de planejar as férias. Os perceptivos escolheram férias em uma ilha tropical e planejaram seus dias com atividades e suas noites com eventos sociais. Todos os dias eram repletos de opções para diversão e relaxamento. Os perceptivos, no entanto, não escolheram uma data nem planejaram como chegar ao destino pretendido. Os julgadores, por outro lado, decidiram quando iriam e como chegariam ao local, partindo do aeroporto, mas não escolheram o lugar em que queriam ficar. Surpreendente. Dois grupos de profissionais similarmente bem-sucedidos com visões de mundo diferentes. O que ficou claro para eles (e para nós) foi que, se você tem uma indicação das características de uma pessoa, pode dar suporte às fraquezas naturais delas. Outra colega, Amie Malkin, a diretora de saúde da Burson-Marsteller, em Londres, é ESTJ – uma pessoa extrovertida, prática, objetiva e estruturada. Em suas críticas, havia o conselho de que ela oferecesse "mais cenoura e menos chicote". Para ela, saber isso sobre si mesma permitiu que tivesse mais paciência com as pessoas e fosse mais incentivadora e menos diretiva.

Para nós mesmas checarmos isso, entramos na Internet e fizemos o teste gratuito de personalidade no *site* <www.ustechnicaljobs.com>. Veja o resultado:

Kim foi classificada como ENFP (extrovertida, intuitiva, emocional e observadora). Os ENFPs costumam ser entusiastas, falantes e extrovertidos; espertos, curiosos e brincalhões; profundamente carinhosos, sensíveis e gentis; criativos, inovadores, otimistas e únicos; adaptáveis e cheios de recursos, mas, às vezes, desorganizados. A coisa mais importante para os ENFPs é a liberdade de ver possibilidades, fazer contatos e estar entre diversas pessoas.

Caitlin é uma ISFJ (introvertida, sensorial, emocional e julgadora). Os ISFJs costumam ser cuidadosos, gentis e preocupados; são hesitantes até conhecer bem as pessoas, depois são carinhosos e protetores; são muito liberais e conscientes do mundo físico; são independentes de padrões pessoais e se ofendem com facilidade; são sérios e conscientes, organizados e decididos. A coisa mais importante para os ISFJs é viver de modo estável e previsível e ajudar as pessoas de maneira concreta.

O teste mostrou que somos tipos opostos, mas de um modo em que nossas personalidades se complementam e beneficiam nossa relação de trabalho. Por exemplo, a capacidade que Kim tem de ser muito extrovertida e falante faz com que ela consiga manter o aspecto social agitado de dirigir uma empresa de relações públicas, e a natureza receptiva e cuidadosa de Caitlin faz com que ela consiga direcionar sua equipe muito bem, além de resolver situações delicadas. Em nosso caso, o resultado é, definitivamente, maior do que as duas partes.

Conversa de mulher
COURTNEY LYNCH E ANGELA MORGAN

Courtney e Angela são fundadoras da Lead Star, uma empresa de treinamento em liderança que oferece *workshops* dinâmicos e interessantes sobre como descobrir e desenvolver as características naturais de liderança que as mulheres possuem. No *site* da empresa (<www.leadingfromthefront.

com>), Courtney e Angela descrevem a si próprias de acordo com seus papéis. Courtney se descreve como "líder, esposa, filha, amiga e advogada", e Angie se descreve como "líder, esposa, mãe, voluntária e funcionária". Um papel que faltou na descrição das duas foi fuzileira. As duas entraram para os Fuzileiros Navais enquanto cursavam a faculdade no programa ROTC (Corpo de Treinamento de Oficiais de Reserva, na sigla em inglês). Ambas se formaram como oficiais e começaram a trabalhar comandando tropas de cinquenta soldados com idade entre 22 e 23 anos. O corpo de Fuzileiros Navais teve grande influência na vida delas, tanto no dia-a-dia quanto nas lições ensinadas. Elas acreditam que as habilidades de liderança podem ser usadas em todos os papéis que as mulheres desempenham na vida. Uma mãe que não trabalha fora precisa de habilidades de liderança para controlar o caos em casa, uma filha necessita de habilidades de liderança para cuidar de um pai idoso, e uma gerente precisa de habilidades de liderança para conseguir bons resultados de sua equipe. Na Lead Star, elas definem um líder como aquele que influencia os resultados e inspira as outras pessoas. Conversamos com elas sobre o treinamento de liderança e a filosofia "Lidere como você é. Sempre".

Como a experiência de fazer parte dos Fuzileiros Navais as preparou para serem grandes líderes e ensinarem a liderança aos outros?
O corpo de Fuzileiros Navais nos ofereceu todas as ferramentas de que precisamos para liderar – desde princípios práticos de liderança e traços de caráter até treinamento rigoroso em ambientes nos quais éramos incentivadas a obter êxito, apesar de o fracasso ser aceito. Assim, quando chegamos ao "mundo real", nos mostramos líderes. O corpo de Fuzileiros Navais tem treinado líderes há 230 anos – seus métodos venceram o teste do tempo. Lá e na Lead Star, a liderança nada tem a ver com ser complexo, mas com ser eficaz. O corpo de Fuzileiros Navais nos deu um ótimo treinamento e também uma ótima oportunidade de aplicarmos as habilidades aprendidas. Nossas habilidades de liderança eram voltadas para o cuidado de outras pessoas, e, como fuzileiras, aprendemos rapidamente a tarefa. No setor privado, levaríamos muitos anos para obter o mesmo nível de experiência de gerenciamento e liderança.

Vocês acham que existem diferenças entre as habilidades necessárias para mulheres líderes e para homens líderes?
As fortes habilidades de liderança transcendem os gêneros. Todos os líderes devem ter integridade, iniciativa, bom senso e preocupação em cuidar dos que são liderados. Apesar de as habilidades serem as mesmas, os estilos de liderança são pessoais e individualizados. Todos nós temos diferentes pontos fortes e fracos (e alguns podem ser compatíveis com nosso gênero), mas, apesar disso, precisamos reconhecê-los e superá-los, esforçando-nos para ser os melhores líderes que conseguirmos.

Estudos mostram que, para serem líderes eficazes, mulheres e homens têm de liderar de modo diferente. Foi o que vocês perceberam nos Fuzileiros Navais? Em caso afirmativo, podem descrever as diferenças?
Acreditamos que todas as pessoas precisam liderar de modo diferente. As mulheres não precisam assumir atitudes masculinas para serem líderes fortes. Aprendemos isso cedo. Uma de nossas poucas oficiais do sexo feminino (mil em cada 180 mil fuzileiros são mulheres) era uma mulher muito gentil, com um costume bem estranho. Sempre que estava diante de suas tropas ou diante de homens, adotava um comportamento masculino. Falava mais baixo, mudava a postura e acabou perdendo a credibilidade. Também disse a Courtney que, se ela quisesse ser bem-sucedida nos Fuzileiros Navais, tinha de fazer o mesmo. Courtney entrou em conflito. Como aquela mulher era a oficial e estava no comando, Courtney tinha de seguir suas ordens, mas, apesar de saber que ela estava tentando ajudar, discordava de sua opinião. O mais irônico foi que um velho coronel, um tipo antiquado dos Fuzileiros, salvou Courtney. Ele a chamou em seu escritório e, sem mencionar o que havia acontecido com a oficial, disse que Courtney precisava liderar como ela mesma. Ele disse: "Ser líder não envolve apenas desempenhar um papel, mas ter credibilidade e ser você mesma, pois, se não for assim, você nunca terá o respeito de seus comandados". Aprendemos nos Fuzileiros Navais que, apesar de os bons líderes terem características em comum, eles as demonstram de maneiras diferentes. Já trabalhamos para grandes líderes que tinham características distintas: alguns

eram tímidos, outros tempestuosos, outros rigorosos e alguns calorosos. A personalidade desempenha um importante papel no estilo de liderança.

Quais são as três mais importantes características (habilidades) que as mulheres devem aprender para serem grandes líderes?
Integridade, decisão e coragem – coragem para assumir riscos, fazer uma mudança, ou mesmo para falhar.

Como vocês conseguem ser líderes fortes sem ser chamadas de megeras?
As líderes mais fortes demonstram compaixão e um senso de ajudar os outros. As líderes ruins se iludem com a notoriedade de sua posição ou com o poder e o prestígio que um título traz. Tais líderes podem ser chamadas de megeras, porque definem a liderança como algo relacionado a elas, e não às pessoas que elas lideram. Como líder, você precisa ser confiante. A melhor maneira de ser confiante é ser competente. Os Fuzileiros Navais nos ensinaram a importância de "liderar no *front*". Eles nos incentivam a sempre tomar a iniciativa. No entanto, você deve estabelecer padrões que seja capaz de cumprir. Quando Courtney era fuzileira, portava uma pistola 9 milímetros. Nunca havia tocado em uma arma antes de entrar para os Fuzileiros Navais e não era muito habilidosa. Os fuzileiros do batalhão que ela comandava tinham de saber manejar um rifle grande – mais exatamente, um M-16 –, e ela também. Não foi fácil, mas Courtney conseguiu. Os líderes sabem fazer o que exigem de seus comandados. No setor privado, um exemplo óbvio de liderança eficaz pode ser dado em uma reunião marcada para as oito da manhã. Se o líder convoca a reunião, então ele precisa satisfazer o padrão e estar presente na hora certa. Freqüentemente, os chefes convocam uma reunião para as oito horas, mas chegam quinze minutos depois. Isso é falta de respeito para com as pessoas que estão esperando e demonstra fraqueza na habilidade de liderar.

Já percebemos que as mulheres não são imediatamente aceitas como líderes. Como resolver esse problema?

O desempenho é o segredo para obter aceitação e respeito. Sendo líder, você deve desejar ser respeitada. Não pode fazer com que as pessoas gostem de você, mas é essencial que a respeitem. Nós duas concordamos que, sendo mulher ou fazendo parte de qualquer minoria em uma empresa, você provavelmente terá de se impor com mais freqüência que a maioria, mas, se for constante em seus êxitos, logo terá uma boa reputação. Como fuzileiras, sempre sentimos as responsabilidades de nosso sexo. Não agíamos apenas como Courtney e Angie, mas como mulheres, e levamos a responsabilidade a sério. Procurávamos limitar nosso convívio com os fuzileiros, e Courtney chegou a adotar a política de não namorar um deles. (Felizmente, Angie não precisou fazer isso, pois namorou e se casou com um fuzileiro – e foi rápida ao dizer que ele "não fazia parte de sua tropa".)

Quais são os principais erros de liderança que as mulheres cometem? E os maiores erros cometidos pelos homens?
As mulheres sempre confundem liderança com concurso de popularidade. Liderar pode ser solitário. Você recebe a responsabilidade e a oportunidade de influenciar resultados e inspirar outras pessoas. A necessidade de tomar decisões difíceis pelo bem da equipe toda costuma resultar em insatisfação entre alguns. As mulheres costumam internalizar essa insatisfação mais do que deveriam. Aceite a realidade e siga em frente. Os homens sofrem com as habilidades de compaixão e comunicação com mais freqüência que as mulheres. Quando não se tem compaixão, surgem problemas para prever e abordar as necessidades de sua equipe. Isso pode atrapalhar seus esforços de obter companheiros e o senso de um propósito em comum. Fracas habilidades de comunicação permitem que pequenos problemas se transformem em grandes obstáculos.

Muitas mulheres que entrevistamos disseram que é bem mais fácil para elas trabalhar com chefes do sexo masculino. Vocês tiveram alguma experiência nos Fuzileiros Navais e têm algo a dizer sobre o assunto?

Temos mais experiência com homens nos papéis de liderança. No entanto, com a ênfase nas habilidades de liderança nos Fuzileiros Navais, quase não percebemos a diferença – apenas reconhecemos as diferenças positivas de trabalhar para líderes. Quando uma pessoa tem dificuldades em trabalhar para uma mulher ou para um homem, é provável que seja porque o indivíduo para o qual está trabalhando não é um líder. Realmente, não é mais fácil trabalhar para um homem. É mais fácil trabalhar para um líder.

Como liderar do *front* é diferente de outros estilos de liderança?
Os líderes que lideram do *front* sempre têm iniciativa e tomam as decisões. Também satisfazem ou superam os padrões que exigem de outras pessoas. Os líderes continuam tomando decisões para continuarem fazendo progresso. Os Fuzileiros nos ensinaram a "solução de 80%", segundo a qual uma boa decisão hoje é melhor que uma ótima decisão amanhã. E ensinaram que o adiamento é uma decisão em si.

Existem muitas informações conflitantes por aí. Vários livros dizem que "meninas boazinhas não são promovidas" e pregam o lema "vença como homem". Como podemos nos tornar mulheres fortes, poderosas e inspiradoras sem ter de agir como os homens?
Há muitas informações por aí, mas o fator principal em ser um bom líder é compreender quem você é e liderar como você é. Você precisa ter credibilidade para inspirar outras pessoas. É por isso que abrimos a Lead Star. Queríamos inspirar e fortalecer as mulheres para que elas liderassem como são – somos a prova de que se manter fiel a si mesma é o segredo para ser uma líder autêntica e capaz. Quando você lidera como você é, não ignora suas fraquezas – sempre tem de trabalhar para melhorar –, mas aprende a compensá-las com seus pontos fortes.

3
Formação de equipe

VOCÊ É TÃO BOA QUANTO SUA EQUIPE

Um dos fatos mais difíceis de negar na vida empresarial é que, para ser bem-sucedida como líder, você precisa de uma boa equipe para ajudá-la. Seus funcionários serão bons dependendo de como você os escolher e os desenvolver, por isso, além de seus objetivos gerais, você sempre precisa se concentrar em formar e sustentar uma equipe de bons funcionários, nos quais você possa confiar e com quem possa contar.

Seja criando uma equipe, seja apoiando uma que você "herdou", agrupar a mistura certa de pessoas é essencial para o bom andamento de sua empresa, equipe, divisão ou unidade.

Desde a contratação e o treinamento de novos membros até a conquista da lealdade de empregados antigos, mostraremos o que você precisa saber e fazer para estabelecer um ambiente em que os membros da equipe – de assistentes a sócios – floresçam.

Avaliando seus colegas: você tem a equipe que quer?

É preciso avaliar sua equipe com regularidade, não importa se foi formada por você ou não. Nosso método preferido para fazer isso é por meio de um quadro organizacional, que é uma ilustração da estrutura interna da empresa ou, nesse caso, da equipe. É uma apresentação dos relacionamentos dentro do grupo, identificados por linhas de autoridade. Quando você preenche seu quadro organizacional com nomes e títulos, fica fácil visualizar a estrutura interna do grupo e ver lacunas na equipe ou redundâncias nas responsabilidades.

Um quadro organizacional é mais ou menos assim:

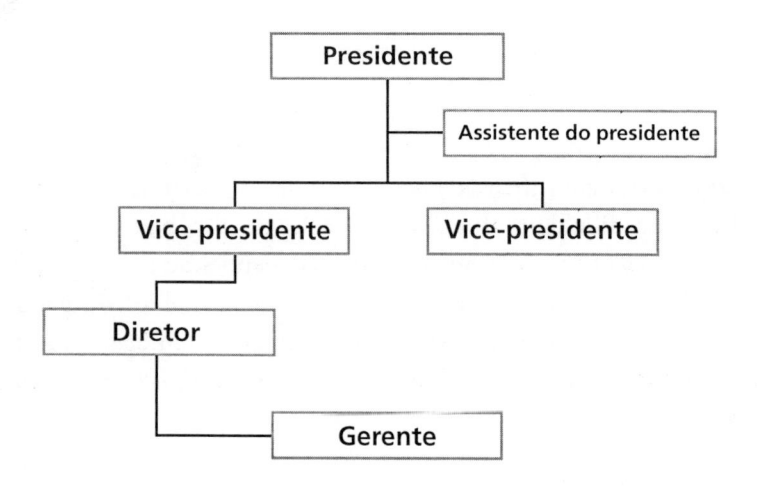

```
                    Presidente
                        |
                        |─── Assistente do presidente
            ┌───────────┴───────────┐
      Vice-presidente          Vice-presidente
            |
       Diretor
            |
            └─── Gerente
```

Crie um quadro organizacional como esse, listando os nomes dos funcionários e deixando espaço ao lado de cada nome para as seguintes informações:

- Título
- Salário
- Data da contratação
- Data da última avaliação
- Data do último aumento
- Data da última promoção

Responda às seguintes perguntas da melhor maneira possível para cada funcionário:

- Ele está esperando um aumento e/ou uma promoção?
- Quais são as responsabilidades dele?
- Ele está delegando corretamente?
- Ele é um bom gerente?
- Ele é leal à empresa?
- Ele é leal a mim?
- Como ele está "se sentindo" em relação a seu papel na empresa (feliz, frustrado, ansioso)?
- Ele segue as regras ditas e não ditas da empresa e da equipe?

Dê um passo para trás e, com os objetivos de sua equipe em mente (aumentar vendas, gerar publicidade, criar novos produtos), pergunte a si mesma se seu grupo tem o número certo de pessoas, e se elas têm as habilidades e a atitude necessárias para cumprir o proposto. Se há o número certo de pessoas, mas não as habilidades, então você precisa pensar em dar um novo treinamento. Se houver um problema de atitude, está na hora de abordá-lo, e rápido. Se não houver número suficiente de funcionários, está na hora de contratar. Se seu chefe hesitar em aumentar a folha de pagamento, prepare-se para tentar convencê-lo disso. Faça uma descrição do trabalho, destaque os motivos pelos quais não é possível que os funcionários existentes preencham as lacunas e demonstre como esse novo contratado pode melhorar os rendimentos a longo prazo.

Sinais de que seus funcionários podem estar prestes a abandonar o navio

- Compromissos misteriosos ao longo do dia, sempre mal explicados.
- Sua assistente roqueira aparece vestida para trabalhar como uma caixa de banco.

- Sempre que você se aproxima da impressora, sua assistente corre na sua frente para pegar uma pilha de papel (currículos!) que está na bandeja de impressão.
- Quando você se aproxima da mesa dela, ela começa, desesperadamente, a fechar documentos do Word.
- Mais de uma vez por dia acontece de você olhar pela janela e ver seu funcionário na calçada, conversando ao celular.
- Você não sabe bem por quê, mas percebe que seu funcionário está "corajoso" demais.
- Quando você delega um projeto complexo ao funcionário, ele não faz perguntas para obter mais informações.

A escolha certa: fazendo uma boa contratação

Com base no quadro organizacional e nos objetivos que precisam ser alcançados, você tem pessoas para cumpri-los? Quando estiver quite com as questões burocráticas que envolvem uma contratação (veja página 65), você pode começar a procurar novos funcionários. Mas quem contratar? Onde encontrar candidatos? Como determinar se eles são certos para você?

Quem?

Antes de entrar em contato com o Departamento de Recursos Humanos ou divulgar um anúncio, escreva em um papel tudo de que você precisa de um funcionário. Isso inclui uma lista de habilidades desejadas, faixa salarial e uma idéia geral das características de personalidade que você acredita que dariam certo com o grupo já existente, principalmente com a pessoa a quem o novo contratado se reportará. Além disso, faça uma descrição completa do trabalho para poder articular com precisão quais serão as responsabilidades diárias, semanais e mensais.

Anat Baron, empresária, nos lembra que, apesar de procurarmos pessoas familiares, há benefícios em procurar de modo mais amplo.

"Acredito muito na diversidade. Não apenas a diversidade étnica e cultural normal, mas a diversidade de idéias. Acredito que as equipes trabalham melhor quando misturamos as pessoas, com passados e experiências diferentes. Uma pessoa desafia a outra. O interesse em comum passa a ser o de realizar o trabalho."

Onde?

Se você foi promovida para um cargo de supervisão em uma empresa, o Departamento de Recursos Humanos pode ter uma política de promover quem já está dentro ou de cuidar do primeiro estágio do processo de contratação, por isso faça de seu contato ali sua primeira parada.

Se sua empresa não conta com um Departamento de RH, então é sua responsabilidade espalhar a notícia. Dependendo do nível do funcionário, você pode colocar um anúncio no jornal da região, pesquisar com consultores de carreiras, se cadastrar em *sites* de empregos, encontrar um *headhunter* de boa reputação pedindo indicações a seus colegas ou checando os classificados de uma revista de negócios, e/ou enviar *e-mails* a pessoas de seu círculo profissional. Recentemente, enviamos um *e-mail* a nossa rede pedindo ajuda para encontrar um executivo de contas (um assistente de nível médio em uma agência de relações públicas). Dentro de poucos dias, nosso *e-mail* foi enviado ao que pareciam ser centenas de pessoas, e começamos a receber mensagens de amigos, amigos de amigos e amigos de amigos de amigos. Como fomos muito específicas a respeito do conjunto de qualidades que esperávamos encontrar, a maioria das referências que recebemos era de candidatos legítimos.

A única condição que deve ser notada a respeito de procurar candidatos entre conhecidos é que, como dissemos em nosso primeiro livro, não se deve pensar em contratar amigos, familiares, ex-patrões, ex-assistentes e ex-namorados. Você quer que os relacionamentos profissionais fiquem o menos sobrecarregados possíveis.

Como?

Com entrevistas, entrevistas e mais entrevistas, além de confiança em sua intuição. Mesmo que o Departamento de Recursos Humanos envie a você alguém que eles chamam de candidato "perfeito", se você intui que há perigo, aproxime-se com extremo cuidado. Faça muitas perguntas diretas. Você poderia até mesmo explicar suas preocupações a um colega na empresa e pedir que ele entrevistasse a pessoa para ter uma segunda opinião. Acreditamos que, se você percebe um problema, é porque realmente pode haver um, mesmo que seja apenas na química entre você e o empregado em potencial.

Muitas pessoas dirão que você não tem de gostar de um funcionário. Se ele realiza um ótimo trabalho, isso deve bastar. Isso pode valer se ele trabalha em um escritório em Londres e você está, digamos, em Los Angeles, ou se ele fica fora do escritório a maior parte do tempo. Mas, se você precisa vê-lo e interagir com ele todos os dias, ou mesmo todas as semanas, seria muito mais agradável se gostasse dele.

Stephanie Teuwen, presidente da Teuwen One Image, diz: "Quando as habilidades são estabelecidas na entrevista, só resta a personalidade. É um pouco como namorar! Vocês têm de se dar bem e agir como uma equipe". Mas não contrate alguém só porque gosta dele. Há cerca de um ano, estávamos procurando um executivo de contas júnior para nos ajudar a gerenciar o escritório enquanto aprendia o negócio. O candidato ideal seria aquele com pouca experiência profissional e muito entusiasmo pelas relações públicas. Entrevistamos uma ótima pessoa, com quem nos identificamos muito, pessoalmente. Ela era esperta e divertida, mas, quando perguntamos por que estava interessada em trabalhar conosco, ela respondeu: "Porque acho que já está na hora de ter um emprego de verdade". Apesar de termos gostado dela, não acreditamos que ela soubesse o que era trabalhar em um ambiente profissional e não tínhamos tempo nem energia para lhe ensinar o básico.

Um recado para as empresárias: antes de contratar

Para aquelas que possuem o próprio negócio, contratar um funcionário é algo muito difícil. Às vezes você pode estar dobrando o quadro de funcionários com apenas um contratado, e, quando sua empresa dobra, ainda que em pequena escala, a dinâmica toda do negócio muda. Antes de convidar alguém para entrar no negócio, faça um manual do funcionário, destaque o valor do salário e as responsabilidades do emprego e, ainda mais importante, estabeleça a si mesma as expectativas em relação a esse funcionário. Quando você souber exatamente o que quer e o que precisa de um novo contratado, será capaz de se comunicar claramente com ele, desde o primeiro dia.

Leis trabalhistas

Se há lacunas que precisam ser preenchidas, antes de você pensar em chamar um *headhunter* ou publicar um anúncio, veja o que tem a dizer Laurie Malkin, advogada trabalhista da Schulte Roth & Zabel LLP: "Não pense que você é especialista em leis trabalhistas só porque é a chefe e é boa no que faz para viver. Você faz idéia de quantas leis diferentes estão em vigor ou de quantas se referem às relações empregatícias? Para os empregadores da cidade de Nova York, por exemplo, esse número é de, mais ou menos, 45. Sem o devido aconselhamento legal para contratar funcionários, é pouco provável que você tenha conhecimento de questões como as leis antidiscriminatórias, as exigências quanto ao pagamento de hora extra a um novo funcionário e os modos de realizar exames admissionais ou testes de drogas". Se você não tem dinheiro para contratar um advogado ou se não tem um diretor de recursos humanos que a ajude a cuidar da prática burocrática, é hora de passar algum tempo navegando na Internet. Laurie nos diz que as agências de governo federais, estaduais e municipais têm *sites* detalhados que oferecem orientação sobre contratação e demissão de acordo com a lei. São fáceis de encontrar. Comece pelo *site* do Ministério do Trabalho.

Entrevistas

Quando entrevistar alguém, lembre-se das regras ditas e não ditas de seu ambiente de trabalho – a cultura da empresa – e compartilhe detalhes importantes com candidatos que, em sua opinião, têm potencial. Os funcionários precisam participar de muitas reuniões fora da cidade? Apesar de o horário de trabalho ser das nove às seis, é comum que os empregados tenham de trabalhar aos domingos? Se existe a necessidade de cumprir hora extra, é bom avisar os candidatos. Não se esqueça de falar sobre a "personalidade" do escritório. Digamos que seu grupo seja muito produtivo, porém conservador e relativamente carrancudo. Nesse caso, não será justo com ninguém se você contratar um candidato cheio de energia, animado e brincalhão. Stephanie Teuwen diz que "Além de analisar se o funcionário tem as habilidades exigidas, minha prioridade número 1 é a personalidade. Ele vai conseguir se encaixar no ambiente, ser feliz, complementar a equipe e tratar bem os clientes? Eu tento ver dentro de sua alma e de seu coração sem fazer perguntas inapropriadas. Quando sinto que a pessoa pode se dar bem em minha empresa, peço que ela participe de uma discussão casual com o restante da equipe, então nós nos reunimos no dia seguinte para falar sobre nossas impressões. Ninguém seria contratado se minha equipe não o aprovasse. Somos como uma pequena família. Precisamos 'adotar' o novo membro de modo apropriado".

Pergunte a si mesma se o candidato se sentiria feliz sendo parte do grupo. Pode ser difícil analisar essa questão, principalmente se você tiver gostado da pessoa, por isso procure realizar entrevistas com alguns dos principais membros da equipe, levando o relatório do candidato.

Seja sincera quanto ao tipo e à quantidade de trabalho que o contratado terá de executar. Você não vai querer vê-lo reclamando sempre que ele precisar preencher um formulário. Se a pessoa for nova na área e, na verdade, terá de passar os próximos dois anos apenas cumprindo pequenas tarefas, faça o favor de ser clara. Alguns candidatos já recusaram um emprego em nossa empresa porque dissemos que eles teriam de preparar muitas bolsas de brindes. Claro, foi ruim ter de continuar procurando, mas teria sido pior trabalhar com alguém insatisfeito.

Se o candidato está indeciso entre dois empregos, é a oportunidade perfeita para fazer um teste. Leve-o para trabalhar na empresa por uma semana, com você e o restante da equipe. Você não o conhecerá bem em cinco dias, mas testemunhará o esforço dele para conseguir o emprego, dando o melhor de si. Se o melhor que a pessoa tiver a oferecer não bastar, pelo menos você terá descoberto esse fato antes de lhe dar o emprego.

Nada de dissimulações nem exibições de poder durante a entrevista, por favor!

Você sabe quando nunca aprenderá nada sobre um candidato? Quando estiver usando a entrevista como uma oportunidade de brincar de "eu mando aqui". Quando Leigh Ann, uma amiga nossa, chegou a uma empresa de relações públicas para passar por uma entrevista, foi levada a uma sala vazia, com uma mesa e uma cadeira. A proprietária entrou e colocou uma caneta sobre a mesa, depois entregou a Leigh Ann um pedaço de papel e um lápis, dizendo: "Quero que você escreva um parágrafo que inspire um jornalista a escrever sobre esta caneta". Quando ela retornou e pegou o "teste", balançou a cabeça e disse: "Completamente errado". Ela explicou que nossa amiga tinha de "vender a caneta" aos jornalistas, algo que uma estudante universitária sem experiência em relações públicas nunca saberia. Resultado: aquilo não fez sentido algum e só serviu para deixar a candidata se sentindo inferiorizada e humilhada.

Para aprender o máximo que puder sobre um candidato, faça-o se sentir à vontade. Lembre-se de sorrir ao cumprimentá-lo, pergunte se ele teve dificuldades para chegar ao local, ofereça água e passe alguns minutos trocando amenidades. Antes de passar para as perguntas mais pesadas, comece com as leves. Pode perguntar a um candidato mais jovem quais eram suas matérias favoritas na faculdade e, a um candidato mais experiente, como ele se encontrou em sua área de atuação. Mas não comece uma entrevista perguntando por que o candidato saiu do último emprego. O objetivo é não desafiá-lo logo no começo para que ele não passe a entrevista toda na defensiva.

Se você vai ensiná-los: como treinar de modo eficiente

O mundo não seria perfeito se você dissesse a uma pessoa o que precisa ser feito e nunca mais tivesse de se preocupar com o assunto? Ou, melhor ainda, se você não tivesse de dizer nada, pois seu funcionário já saberia tudo, sendo ele um perfeccionista? Não há a menor chance de você conseguir se livrar do treinamento, e essa, de fato, é uma de suas principais tarefas.

Todos parecem concordar que a maneira mais eficaz de dar um treinamento é reservar o tempo certo para torná-lo uma prioridade, além de reconhecer que seus funcionários precisam de um nível diferente de orientação vinda de você. Como discutimos no capítulo 2, esse estilo de liderança reconhece que os vários tipos de funcionários precisam de uma espécie diferente de gerenciamento de sua parte. Os membros mais novos ainda estão se tornando profissionais, por isso precisam de sua ajuda para receber o básico da etiqueta no trabalho, além dos passos fundamentais na realização das tarefas. Os funcionários mais experientes não precisam aprender os passos básicos do profissionalismo nem como executar as tarefas, mas precisam que você expresse sua visão e o papel que eles desempenham na busca por satisfazer os objetivos.

Adrienne Arsht, presidente do TotalBank, em Miami, recomenda que as regras sejam postas às claras para os novos membros mais experientes. "Sugiro que você se reúna com eles e seja direta a respeito de seu estilo de gerenciamento: 'Quando digo isto ou aquilo, estou me referindo a isso. Eu o respeito, por isso o contratei. Assim, se eu for rude, não leve para o lado pessoal. Quando escutar algo de que não goste, venha e converse diretamente comigo'."

Tanto com os membros novos quanto com os mais antigos do quadro de funcionários, procure estabelecer um sistema de consultoria dentro da equipe. Desenvolva algumas pessoas de todos os níveis para que se tornem mentoras de todos os funcionários novos. Elas precisam conhecer a empresa do avesso, ser entusiasmadas com o trabalho, trabalhar bem com você e ser boas porta-vozes tanto da empresa quanto de você. Quando um funcionário jovem começar a trabalhar na empresa, apresente-o a um colega para que este sirva de fonte quando o novo contratado precisar tirar dúvidas do tipo onde ficam as canetas, qual é a política para a hora do almoço e onde fica o banco mais próximo.

Os primeiros estágios de treinamento de um funcionário são delicados e cruciais. Você deve ensinar a ele como ter responsabilidade pelo trabalho e por si mesmo, enquanto mostra que ele tem seu apoio. Tammy Blake, gerente sênior em uma editora, nos contou sobre agendar um Primeiro Dia para novos funcionários, o que, pelo menos, os levará na direção correta para obter êxito na empresa.

Amostra de plano para o primeiro dia de um novo funcionário

- Café-da-manhã com você (e com o chefe dele, se não for você mesma).
- Apresentação ao mentor da equipe.
- O mentor da equipe acompanha o novo funcionário pela empresa para apresentações casuais.
- Almoço com o mentor da equipe.
- Tarde com o chefe direto para discutir a agenda da semana.

Você precisa de uma assistente? E como ela deve ser?

Sua assistente, assim como quase qualquer outro membro da equipe, representa você para o mundo fora da empresa. Em muitos casos, ela é a primeira pessoa que seus contatos procuram quando precisam falar com você. Como ela costuma atender ao telefone e recepcionar as visitas, você quer que ela seja perfeita. Conhecemos um famoso *chef* que tinha uma ótima assistente. Era receptiva, agradável e profissional. Sempre sabia onde o *chef* estava e conseguia retornar ligações, confirmar reservas VIPs e agendar sessões de fotos com rapidez. Quando ela mudou de emprego, o *chef* contratou outra assistente, que não fazia nada disso. Como o mundo da culinária é muito restrito, todos comentavam esse erro de contratação. As pessoas faziam piadas, oportunidades com a imprensa eram perdidas (porque ela não dava retorno com rapidez), então a assistente acabou perdendo o emprego. E o *chef*? Perdeu grande parte de sua reputação. Que lição podemos tirar disso? Analise bem sua assistente atual. Você se sente à vontade sabendo que ela a representa? Pergunte a alguns colegas de fora de sua empresa qual é a opinião deles em relação a ela.

Quando for preencher essa vaga, certifique-se de ter tarefas suficientes para manter a assistente ocupada o dia todo. Diferentemente de outros cargos, uma assistente depende quase totalmente de você para realizar tarefas e assumir responsabilidades quase todos os dias. Quando for entrevistar uma candidata, veja se ela é simpática, se demonstra confiança, se usa roupas adequadas, se é educada. Evite os *"pit bulls"*, pois assistentes desse tipo não melhoram sua imagem, por mais que consigam impedir a entrada de pessoas indesejadas no escritório. Contrate alguém que tenha demonstrado lealdade a outros chefes, porque você não quer que sua assistente se torne a fonte das fofocas na empresa. Se a assistente for desleal a você, ou for uma pessoa pouco profissional, ela dirá aos funcionários que o casamento da chefe não está indo bem, contará quando você tem horário marcado com a manicure e sempre que seu superior a chama para conversar. Você pode avaliar o senso de lealdade dela perguntando-lhe qual é a melhor e a pior coisa a respeito do empregador anterior. Observe o currículo dela para saber quanto tempo ficou em cada emprego e se ela anexou alguma carta de referência.

E lembre-se do que Patti LaBelle disse a Caitlin quando as duas estavam embarcando num avião em uma viagem para promover um livro: sua assistente deve "sempre, sempre, sempre representar".

Bruxa boa

UMA BRUXA MUITO BOA
Segue uma história de nossa amiga Amy Curry.

Minha melhor chefe, Jackie, foi alguém que, ao longo de nossa relação de trabalho, conseguiu me ajudar a desenvolver autoconfiança, algo que eu não tinha. Ela fez isso sem a intenção de ser minha mentora ou de me mudar. Era, em grande parte, o resultado de quem ela era como chefe e como pessoa.

Analisando o passado, acredito que as razões de as coisas terem dado tão certo para mim se resumem a diversos fatores, incluindo:

- sua crença de que alguém em sua equipe tinha algo valioso para oferecer (o importante não era a hierarquia, e sim as idéias);
- sua habilidade de delegar responsabilidades e sua confiança de que a tarefa seria realizada;
- sua falta de necessidade de administrar meticulosamente;
- sua personalidade.

Ela conseguiu reunir uma equipe que tinha habilidades complementares para que todos tivessem suas responsabilidades e domínio. Respeitava a opinião de todos e incentivava o surgimento de novas idéias. Não via as idéias contrárias como sinais de desrespeito. Em vez disso, as via como comprometimento à idéia geral e como paixão pelo projeto. Ela e eu costumávamos ter discussões "acaloradas" sobre o trabalho com o qual estávamos envolvidas e, por meio delas, aprendíamos muito uma sobre a outra e éramos capazes de chegar a uma conclusão. Nada era levado para o lado pessoal, porque a discussão realmente se concentrava em articular idéias e tentar enxergar qual background e quais poderes de persuasão eram mais capazes de levá-las adiante.

Em meu caso, ser valorizada pelo que eu conseguia fazer e receber responsabilidades foram coisas muito importantes. Na maioria das vezes, era libertador o fato de ela realmente valorizar meu trabalho e não se sentir ameaçada por ele (porque ela e eu tínhamos um background e habilidades profissionais muito distintos). Apesar de existir uma estrutura, ela era a principal investigadora do projeto, e eu lentamente consegui ser promovida a gerente com o tempo. O que mais funcionava para mim era o fato de que havia uma hierarquia menos formal na atmosfera de trabalho.

Por fim, Jackie não tinha interesse em gerenciar o projeto meticulosamente, o que significava que conferíamos nossa carga de trabalho e os prazos e discutíamos nossos planos para concluir o projeto, mas a decisão de como e quando tomar as atitudes dependia de nós. Para mim, o que mais funciona é um objetivo flexível. Isso demonstra confiança. Eu digo que vou conseguir realizar alguma coisa, então minha chefe acredita que é isso que vai acontecer e não fica acompanhando todos os pequenos passos que dou para chegar lá.

Todas essas coisas são essenciais, mas acredito que o mais importante para o sucesso nessa relação profissional era a maneira como nossas personalidades e estilos de trabalho se combinavam. Apesar de não trabalharmos mais juntas, ainda nos encontramos para almoçar, como amigas. Tivemos uma conexão natural quanto a estilo e visão.

Acreditamos que a chefe de Amy, Jackie, era uma bruxa boa, com toda certeza. Ela parece ter feito tudo certo, começando com a regra de ouro do gerenciamento: respeite seus funcionários e respeite a si mesma. Ela demonstrou respeito "incentivando idéias" e solicitando opiniões e ajuda. Ela acreditava na capacidade de seus funcionários de dar um passo atrás e não "gerenciava meticulosamente". Tirava seu ego da questão e se concentrava em "levar as idéias adiante". Uau!

Lidando com lealdades antigas: seu antecessor era mais legal que você?

Se já é assustador herdar um funcionário, que dirá uma equipe inteira! Pense sobre quando uma nova gerente foi contratada para uma posição superior à sua. Que emoções foram trazidas? Você provavelmente se sentiu ansiosa, com receio de que ela a substituísse. Ressentida por ter de provar seu trabalho novamente. Desconfiada do rumo que ela daria ao grupo. Desnorteada pela mudança, na defensiva em relação a sua contribuição e a seu direito de estar lá, e até sentindo saudade de como as coisas eram. E sejamos honestas: uma pequena parte de seu ser queria vê-la falhar.

Agora, analise a situação e veja a carga emocional que você está gerenciando. Que a verdade seja dita: você precisa se mostrar merecedora da lealdade, do trabalho árduo e do respeito de seus funcionários. Isso será ainda mais desafiador se seu antecessor era adorado. Todas as pessoas que entrevistamos disseram a mesma coisa: "Vá com calma". A menos que você tenha um funcionário que esteja tentando sabotá-la, tente não despedir ninguém logo de cara. Você deve passar as próximas semanas observando e escutando. Aqui está uma dica: analise a equipe que você tem e identifique o líder do grupo – é a pessoa que inspira os outros ao redor dela (mesmo que seja um funcionário novo) e a quem muitos recorrem para fazer perguntas. É o tipo de pessoa que você deve ter a seu lado. Cuidado com aqueles que se mostram muito solícitos. Você não precisa deles nesse momento, mas dos formadores de opinião na equipe. Você quer que eles façam os outros respeitá-la e ouvi-la. Se os líderes não estiverem do seu lado, mude essa situação. Devido ao poder que exercem no grupo, podem prejudicar sua autoridade.

As pessoas vão temê-la, portanto use isso a seu favor, mantendo distância profissional (não almoce com o grupo a menos que você o convide, evite as conversas ao redor do bebedouro, não saia para um *happy hour* com os funcionários depois do trabalho). E não caia na armadilha de querer que todos gostem de você. Infelizmente, parece que as mulheres enfrentam mais desafios nessa área do que os homens. Beth Kramer, vice-presidente na área de desenvolvimento de novos produtos, diz: "Acredito que o maior problema que enfrentei com funcionários herdados foi que eles não sentiam necessidade de me ouvir ou de prestar atenção em mim – há problemas de gênero aqui, e também questões a respeito de diferenças de graus acadêmicos e experiência profissional. Como nossa organização era altamente colaboradora e dirigida pelo consenso, eu não podia simplesmente dizer: 'Porque estou mandando'".

Se sua equipe não estava preparada para sua chegada ou promoção, pode haver um período difícil de transição, como aconteceu com Ayelet Baron, irmã de Anat, quando foi contratada. "O primeiro desafio foi que, até a última hora, a equipe não havia sido informada pela administração a respeito das mudanças. E, quando os funcionários ficaram sabendo, o motivo da mudança não lhes foi informado, por isso começamos num ambiente muito tenso. Eles haviam perdido a confiança que tinham de que a administração trabalhava por suas necessidades e ficaram desconfiados do novo grupo de gerenciamento." Para piorar a situação de Ayelet, "quando perguntei ao antigo gerente a respeito do desempenho de cada membro de sua equipe (eu não conhecia a maioria deles), ele não mencionou que um deles tivera uma pontuação muito ruim na última avaliação. Quando herdei essa equipe, descobri que a maioria dos clientes internos não queria ser atendida por esse funcionário. Todos no grupo gostavam dele, mas sabiam que era o elo mais fraco. Tive de perder muito tempo para lhe dar uma nova função e cuidar de perto das avaliações de desempenho. Isso me tirou muito tempo e energia, que poderiam ser aplicados à formação da nova equipe".

Então o que fazer? Dê um passo atrás, avalie sua equipe e seja muito clara a respeito de quem você é e para que foi contratada. Uma boa oportunidade de fazer isso são as reuniões individuais que você terá com os membros mais importantes da equipe. Mostre que você está disposta a fazer tudo que estiver a seu alcance para ajudá-los a obter êxito na carreira, destaque a visão que lhe foi dada pela empresa e jamais, sob hipótese alguma, inicie a reunião apresentando mudanças drásticas. Lembre-se de que as transições mais bem-sucedidas são aquelas que começam e terminam com honestidade.

Sabemos que herdar uma equipe, seja ela formada por pessoas conhecidas ou não, é assustador, mas, pelo bem de todos, disfarce um pouco até sentir confiança.

A palavra
DIANNE NOLAN, TREINADORA

Como técnica do time feminino de basquete da Universidade Fairfield, em Connecticut, Dianne Nolan tem sido responsável pelo recrutamento e pelo treinamento. Como uma das melhores técnicas dos Estados Unidos, ela tem muito a dizer sobre como fazer o time funcionar como uma unidade. A seguir, ela nos dá dicas e conta suas experiências.

O que você faz quando uma jogadora não está agindo como membro do time?
Tenho uma política de portas abertas, por isso as jogadoras sabem que, quando entram em meu escritório e eu fecho a porta, a discussão será importante e confidencial. Fecho a porta e abordo o assunto com a jogadora. Cito exemplos específicos de comportamento que me levam a acreditar que o time não está sendo prioridade para ela. Peço que ela explique suas atitudes. Após ouvi-la, destaco passos que podem ser tomados para que ela melhore seu comportamento e comece a mostrar interesse nos objetivos da equipe.

Como você faz para que as jogadoras trabalhem juntas?
Eu reúno o time e cito as expectativas e os objetivos. Peço a opinião delas. Juntas, traçamos uma estratégia para atingir o objetivo do grupo. Lembretes diários a respeito dos objetivos são dados com sinais no vestiário e bilhetes nos armários, e temos uma prática de incentivo, gritando juntas nossa meta. Cada jogadora compreende completamente a missão da equipe.

Quanto tempo demora para que uma equipe entre nos eixos?
Depende. Cada equipe tem personalidade própria. Todos os anos, jogadoras envelhecem e se aposentam, e novas jogadoras entram no time. A comunicação e a energia são essenciais. É preciso exercitar a paciência e a compreensão e pedir que as jogadoras mais velhas ajudem as mais novas a se sentirem confortáveis dentro da equipe. Cada jogadora precisa conhecer seu papel e saber como ele se encaixa no objetivo do time. Tento

unir a equipe rapidamente com uma caça ao tesouro pelo *campus* da universidade. Divido o time em grupos de três. Essa atividade de uma hora tem sido muito valiosa para a união da equipe.

Como integrar uma nova jogadora em uma equipe que já existe?
Quando uma jogadora se sente à vontade, ela dá o melhor de si. Eu aprendo o máximo possível a respeito da jogadora por meio de atividades não ameaçadoras. Preciso saber o que a faz hesitar em situações de pressão. Estabeleço projetos e passo certo tempo com cada jogadora enquanto ela está envolvida no projeto. Avalio a personalidade de cada uma e a oriento apropriadamente. Descobri que é preciso tratar cada jogadora de modo justo, mas com diferenças. São pessoas diferentes trabalhando em um time.

O que você procura ao recrutar jogadoras?
Talento, talento, talento. Quero jogadoras que nos ajudem a vencer as partidas, que tenham capacidade acadêmica de se dar bem nas aulas, que tenham forte senso de ética profissional e que sejam boas cidadãs. Jogar na primeira divisão do basquete é desafiador, e eu procuro jogadoras que estejam dispostas a aceitar o desafio. Elas precisam ser decididas, apaixonadas pelo que fazem, leais e disciplinadas. Ter senso de humor também ajuda!

Você tem algo a dizer sobre o treinamento de novas jogadoras?
Conheça-as o mais rápido que puder. Tome conhecimento de sua formação familiar, de seu histórico acadêmico e do que gostam ou não gostam. Quanto mais eu as conheço, melhor posso misturá-las no grupo. Conhecê-las em uma situação de descontração é fundamental.

Quais desafios você enfrentou ao começar a trabalhar como técnica (em relação à aceitação por parte das jogadoras)?
Eu era uma Title IX Baby.* Fui a primeira técnica em tempo integral do sexo feminino contratada na Fairfield. Todos os dias eram um desafio. Tive

---

* Pessoa beneficiada pela lei conhecida como Title IX, que baniu, nos Estados Unidos, a discriminação de gênero em programas ou atividades educacionais financiados com dinheiro público. (N. do E.)

de começar do zero. Em meu primeiro dia, me entregaram a chave de um escritório que tinha uma mesa de metal cinza e nada sobre ela. Eu era jovem e determinada. Às vezes, é uma maravilha não ter conhecimento! Reuni-me com a equipe assim que pude, falei sobre minhas expectativas e nós começamos. As jogadoras eram ótimas. Não haviam vencido no ano anterior e queriam ser vencedoras. Eu disse que nada vem de graça e que conseguiríamos superar a todos. Elas entraram no ritmo e trabalharam muito.

Como você ganhou o respeito delas?
Conhecer sua arte é muito importante. Se você vai liderar pessoas, é bom ter bastante controle da disciplina. Exercer a compreensão e a paciência, ter energia e autoconfiança são traços importantes de liderança. Manter-se fiel ao que você diz também é essencial para ganhar respeito. Eu disse às jogadoras que trabalharíamos muito, e foi o que fizemos. As práticas eram planejadas a cada minuto e eram desafiadoras mental e fisicamente. Trabalhávamos na sala de musculação e tínhamos regras para o comportamento no *campus*. No início de minha carreira, depois de uma vitória e da comemoração da equipe no jantar, as jogadoras tiveram de cumprir um horário estabelecido para estarem de volta, uma vez que precisavam continuar com os jogos. Mais tarde, naquela noite, no banheiro feminino, vi duas de nossas principais jogadoras lavando as mãos muito tempo depois do horário combinado para que se recolhessem. O jogo seguinte era nossa estréia no Torneio Aberto e, como vocês podem imaginar, um evento muito popular. Suspendi as duas jogadoras e mostrei à equipe que mantinha minha palavra. Ganhei respeito.

Você tem dicas para a formação de uma equipe eficaz?
Cerque-se de pessoas boas. Pessoas que sejam talentosas, que tenham energia, boa ética profissional, integridade e paixão pelo que fazem. Dê o melhor de si quando for preciso.

O que querem de mim?

É bem provável que você já tenha sido uma funcionária. Na verdade, a menos que você seja a dona da empresa, provavelmente ainda se reporta a alguém. Para descobrir o que seus superiores querem de você, dê um passo para trás e pergunte a si mesma o que você quer ou quis de seus chefes. Melhor ainda, pergunte a si mesma o que você não conseguiu obter e poderia ter conseguido. Seus funcionários precisam de muitas coisas de você.

Aqui estão algumas coisas essenciais que você deve estar pronta, disposta e capacitada a oferecer:

Visão clara

Você tem de dizer qual é o objetivo da empresa, quais são seus prospectos de carreira e como você vê a equipe trabalhando junta.

Suporte

Em todos os sentidos da palavra, incluindo apoio emocional (no que diz respeito a objetivos de negócios), suporte técnico, suporte logístico e suporte de funcionários para a realização do trabalho.

Respeito

Pelo trabalho dos funcionários, pelo indivíduo que eles são, pela contribuição que dão à empresa.

Feedback

Hesitamos em dizer que você é uma figura paternal, mas, infelizmente, é verdade. No mínimo, você é uma figura de autoridade para seus funcionários, por isso eles procuram em sua pessoa *feedback* para o trabalho deles. Tivemos uma assistente que precisava de *feedback* diário e que chegava a pedir isso. É claro que sempre estávamos ocupadas, mas ela se sentia mais feliz e produzia mais se passássemos alguns minutos conversando com ela.

Respostas

Os funcionários esperam que você esteja disponível para responder a perguntas sobre diversos assuntos. Ou, pelo menos, para ajudá-los a encontrar uma solução.

Liberdade

Uma das melhores chefes com quem conversamos, Christine Deussen, presidente e fundadora da Deussen Global Communications, Inc., acredita que, "acima de tudo, os funcionários precisam de liberdade. Liberdade para crescer e se expandir, liberdade para cometer erros, liberdade para testar novas idéias. Nós todos sempre aprendemos uns com os outros, e as pessoas, se se sentem podadas, não darão o melhor de si. Estou sempre presente como um recurso, e é claro que sempre confiro tudo até me sentir confiante de que o trabalho que elas estão exercendo está de acordo com os padrões da empresa, mas elas precisam estar livres para chegar ao resultado da própria maneira".

Mudando as expectativas dos funcionários

Há necessidades que seus funcionários esperam que você satisfaça para as quais você não pode, não consegue ou não deve dar solução. Kathleen Hutchenson, editora sênior de uma revista, tinha uma funcionária que afirmava querer ser sua amiga. Kathleen gerenciava uma equipe casual e divertida, mas isso não significava que podia ser amiga de seus funcionários. Abigail Disney, fundadora e presidente da Fundação Daphne, diz: "Aprendi, do modo mais difícil, que não se pode chegar muito perto dos problemas pessoais dos indivíduos quando os gerenciamos. Apesar de você se importar com as pessoas com as quais trabalha e sentir compaixão por elas, chegar muito perto dos problemas que elas têm pode comprometer a integridade da dinâmica entre vocês, por isso é melhor expressar respeito e compaixão, mas observar e respeitar a privacidade e a autonomia em todos os momentos".

Quando você tem um funcionário que lhe faz um pedido impossível de realizar, é uma boa oportunidade de olhar objetivamente o que você está projetando a seus subordinados. Em seu novo modo de comunicação clara, seja direta a respeito do que está definindo como apropriado. No caso de Kathleen, ela foi colocada na desconfortável posição de ter de dizer a sua funcionária que, apesar de gostar dela e de valorizar o relacionamento profissional que mantinham, ela seguia a política de não se sociabilizar com os empregados. Se você não deixar claro o que é ou não aceitável, seus funcionários podem acabar tirando vantagem da situação.

Como saber se as pessoas estão passando você para trás

Seus prazos não são prioridade para seus funcionários?

Como você é a líder da equipe, os prazos que estabelece para projetos precisam ser cumpridos antes de todas as outras tarefas. Seus funcionários devem saber que você não estabelece prazos aleatoriamente. Diga a eles que, se não puder confiar que eles cumprirão os prazos, não poderá confiar no trabalho deles, e que isso é um grande problema... para eles.

Eles dizem que não conseguem fazer algo que você delegou?

Não há problema se, e apenas se, depois que você explica como fazer, a tarefa fica pronta. Se a resposta for "Não, quase nunca fica pronta", então os funcionários precisam ser demitidos. Eles não estão realizando o trabalho como devem.

Eles questionam sua administração?

Como geralmente temos de provar às pessoas de ambos os sexos que podemos fazer o trabalho tão bem quanto os homens, é quase aceitável o fato de questionarem nossas decisões. Infelizmente, só precisamos de uma pessoa desconfiada para perdermos a autoridade na equipe. Ninguém que se reporta a você deveria questionar sua administração, mas, se isso acontecer, você precisa resolver a situação.

Eles ultrapassam o horário do almoço, faltam ou saem mais cedo?

Tivemos de lidar com esses problemas em nosso escritório, sem querermos ser megeras nem reprimir funcionários por mau comportamento. O problema de deixar passar é que a situação se repetirá. Ao ultrapassar os limites que você impôs, seus funcionários a estão testando para ver até que ponto conseguem chegar sem ser punidos. Por isso, resolva o problema assim que ele aparecer e não deixe passar em branco.

Eles perdem muito tempo com telefonemas pessoais?

Não queremos dizer que os funcionários são como crianças, mas às vezes você se sentirá como uma mãe quando estiver ao lado deles, batendo no relógio enquanto eles falam sobre os planos para o próximo fim de semana. A questão é que eles farão tudo que puderem para matar o tempo, por isso não deixe passar nada. A empresa está pagando pelo tempo que eles passam ali, então, se estão gastando o tempo de trabalho com telefonemas pessoais, estão roubando a empresa.

Quando você aponta um erro, como eles reagem?

Tivemos um publicitário sênior que detestava quando apontávamos erros, mas nunca assumia a responsabilidade por eles. Também tivemos uma assistente que dava dez justificativas para suas falhas. Nenhuma dessas reações é boa. Você deve treinar seu pessoal para reconhecer os erros e para tomar medidas de correção, com você ou sozinhos, para garantir que o problema não volte a acontecer.

Os funcionários fazem trabalhos descuidados na maioria dos projetos?

Se a resposta for sim, eles estão passando você para trás, principalmente se, na última hora, você tem de parar para retocar o trabalho antes de enviá-lo ao cliente ou aos superiores. Infelizmente, essa é uma armadilha na qual as mulheres em posições de chefia parecem cair com mais freqüência do que os homens. Em vez de confrontar alguém e dizer que ele fez um trabalho insatisfatório, as mulheres geralmente tentam consertá-lo sozinhas. Se você fizer isso muitas vezes, seus funcionários começarão a pensar que você não apenas os protegerá como também fará o trabalho que lhes cabe. A solução é simples: nunca aceite trabalhos medíocres de seus funcionários.

Os funcionários andam em grupo o dia todo?

Um pouco de união entre os funcionários é bom, mas muito disso é desperdício do dinheiro da empresa e pode afetar a lucratividade de seu negócio. Por isso, disperse as multidões ao redor do bebedouro, chamando o líder do grupinho ao escritório para conversar sobre o último projeto. Se você ignorar a situação (as mulheres costumam tentar ser as meninas legais), estará mostrando aos funcionários que não se importa se eles trabalham ou não.

Os funcionários não param de falar quando você entra para uma reunião?

É uma demonstração sutil de falta de respeito. Quando você, a chefe da equipe, a gerente, entra em uma sala, deve ser recepcionada com silêncio. Se, no entanto, você entra em uma sala e o grupo não pára de falar sobre o último capítulo da novela, existe um problema – estão mostrando que não se importam tanto com o que você tem a dizer. Para retomar o controle do grupo, é preciso começar a se impor. Se você tiver um assistente, peça que ele envie um comunicado por *e-mail* anunciando a reunião. Certifique-se de que seja fora do horário normal da reunião semanal, para que pegue todos de surpresa. Crie um cronograma e o envie um dia antes, para que a equipe saiba que você tem assuntos para discutir. Quando entrar na sala, posicione-se na cabeceira da mesa e diga alguma frase que deixe claro que você é superior a eles na empresa e, assim, tem acesso a mais informações do que qualquer outra pessoa ali presente. Pode ser algo como "Tive uma reunião com os vice-presidentes esta manhã e há muitas mudanças acontecendo que afetarão todos os níveis da hierarquia" ou "Eu soube que nossa equipe ficou um pouco aquém das metas este mês, e isso precisa começar a mudar hoje". Não precisa ser uma frase negativa, mas é necessário destacar pontos importantes. Se os funcionários acreditarem que você traz informações que terão impacto na vida deles, eles lhe darão atenção total.

Eles estão atrasando trabalhos e aumentando sua lista de tarefas a cumprir, em vez de diminuí-la?

Mais uma vez, dizemos que as mulheres parecem ser muito compreensivas com funcionários problemáticos. É preciso grande poder de imposição para colocar em seu devido lugar a gerente que pede que algo seja tirado das costas dela, ou a jovem e disposta jornalista que precisa que você reescreva um texto porque você faz isso com mais rapidez. Os funcionários trabalham para você, o que quer dizer que é você quem delega as tarefas. Se, de algum modo, você perceber que o contrário está acontecendo, está na hora de começar a dizer não.

Problemas de gênero:
gerenciar homens *versus* gerenciar mulheres

Os chefes do sexo masculino não são os únicos responsáveis por manter restrito o espaço das mulheres na força de trabalho. Uma chefe nos disse que prefere gerenciar homens, porque as mulheres precisam de muita "orientação". Outra mulher prefere funcionários do sexo masculino porque sente que eles não a "julgam". Outra, ainda, se sente mais à vontade delegando tarefas a homens porque, com mulheres, acha que precisa "pedir-lhes permissão".

Por outro lado, uma gerente que entrevistamos preferia lidar com mulheres, porque "sinto que é minha missão incentivar as mulheres a crescer profissionalmente, e pessoalmente me sinto mais valorizada quando estou ajudando uma funcionária". Anat Baron, uma empresária, nos deu um conselho sábio: "Em minha vasta carreira, sempre gerenciei homens e mulheres. Eu os tratava da mesma maneira.

Acredito muito na igualdade. Todos obtêm sucesso se forem empenhados. Descobri que, de modo geral, os estereótipos são verdadeiros. Os homens ficam desconfiados com uma chefe do sexo feminino (principalmente em setores dominados por homens, como hotéis e cervejarias) e sempre a testam para ver se você é boa o bastante. As mulheres, por outro lado, procuram ser 'amigas' e são mais abertas em relação a problemas pessoais. Elas também esperam que as pessoas sejam mais compreensivas. Minha abordagem era lidar com todos de modo justo. Eu era clara em relação a expectativas, dava às pessoas a medida exata de liberdade e constantemente as desafiava a ultrapassar as expectativas que elas impunham a si mesmas. Desde o início de minha carreira, procurei 'desenvolver' funcionários e sempre me senti feliz ao vê-los subindo na carreira. Nunca tolerei abuso de poder, roubo, ganância ou mentiras. Sempre me considerei uma chefe durona, porque sempre disse o que pensava, mas acredito que a maioria me consideraria justa".

Devido à maneira como fomos criadas, já se tornou instintivo tratarmos homens e mulheres de modos diferentes. Tome cuidado com esse comportamento sexista – como dar mais atenção às opiniões dos homens do que às das mulheres, pedir que as mulheres sirvam o café, passar as tarefas de maior destaque a homens – e vire tudo de cabeça para baixo. Melhor ainda: seja proativa em reverter essa dinâmica na força de trabalho e se esforce para orientar as mulheres de sua equipe. Incentive-as a dizer o que pensam e a contribuir nas reuniões. Divida as tarefas chatas e as glamorosas de modo igualitário entre homens e mulheres. Alterne as pessoas a quem você solicita que tire cópias, peça o almoço e limpe a sala após as reuniões. Como líder, você tem uma ótima oportunidade de fazer as coisas de modo melhor do que a geração – ou apenas o chefe – anterior.

A chefe da chefe: protegendo seus funcionários da chefe geral

Sua chefe quer que você torne a vida dela mais simples. Ela quer que você comunique os objetivos da empresa para a equipe e depois trabalhe com o grupo para conquistá-lo. Sua chefe depende de você para passar as informações aos funcionários. Enquanto você for nova na posição, ela vai monitorar as recomendações que você faz quanto a promoções e punições. Assim que você estabelecer uma relação de confiança com ela e se mostrar uma boa porta-voz para a equipe, seus funcionários também vão esperar que você os represente na empresa e que divida com eles os objetivos e a visão. Também contarão com você para defendê-los, para dar-lhes tarefas de prestígio e para destacar as qualidades deles para os superiores. E, quando as coisas ficarem ruins, quando prazos deixarem de ser cumpridos, clientes forem perdidos ou o negócio ficar mais lento, vão esperar que você os proteja. Por isso, mostre a eles que o emprego é seguro e que você se responsabilizará por qualquer coisa que esteja se passando com os superiores, mas, acima de tudo, diga a eles que você valoriza quem eles são e as contribuições que dão.

Conversa de mulher
DEBORAH BLACKWELL

Vice-presidente sênior e gerente-geral da SOAPnet, Deborah Blackwell é responsável por todas as operações diárias desse canal que transmite novelas 24 horas por dia e que está em franco crescimento. Deborah, uma *mulher no comando* agradável e respeitada, nos contou o que aprendeu ao aperfeiçoar suas habilidades – como aluna da Harvard Business School, agente da William Morris e, em sua atual posição, líder na SOAPnet.

Como você descreve seu trabalho de chefe?
Vejo meu trabalho como o de definir e articular uma visão para a SOAPnet, colocando as pessoas certas nos cargos certos, fortalecendo-as e recompensando-as.

Defina seu estilo de gerenciamento.
"O que você recomenda?" é uma frase essencial para mim. Quando as pessoas entram em meu escritório com uma pergunta, eu lhes dou a

oportunidade de respondê-la sozinhas. Descobri que elas aceitam o desafio quando lhes ofereço a chance. Quando os funcionários chegam com sugestões, meu objetivo é, na maioria das vezes, usar as recomendações deles. Isso faz com que o pessoal fique mais autônomo no grupo.

Como você inspira seus funcionários para trabalharem mais e melhor?
Tenho interesse nas pessoas e tento escutá-las. Gosto de fazer elogios em público e críticas em particular. Eu me esforço para tratar todas as pessoas de minha equipe com respeito. Eu digo: "Cometeremos erros, mas vamos tentar coisas novas e ver o que acontece". Tive um chefe que me disse: "Para mim, não há problema se você cometer erros, pois, se tiver medo de cometê-los, não vai tentar fazer nada". Eu valorizo isso.

Quais são seus desafios quando o assunto é gerenciamento, e como você os supera?
No início, eu tinha dificuldades em dar orientação clara. Como detestava receber ordens, passava as orientações como se fossem sugestões ou idéias ("Se tiver tempo, pode fazer, ou tente fazer"), até que um assistente me disse: "Não sei o que você quer que eu faça". Eu estava tentando esconder o desconforto com meu papel de autoridade no ambiente de trabalho. Percebi que, para tirar o melhor das pessoas, é preciso delegar de modo claro e estabelecer um prazo. Também aprendi que nem todo mundo está pronto para uma grande responsabilidade. Alguns precisam de mais direcionamento e de que você prepare um plano com os passos a serem dados.

Você tem algum conselho a quem está sendo chefe pela primeira vez?
Aceite o fato de que o relacionamento no trabalho é um tipo diferente de relação, pois, para que dê certo, é preciso haver um adequado distanciamento profissional, algo que nem sempre é confortável no início. Quando fui promovida, não compreendia por que as secretárias me tratavam de modo diferente, um pouco mais frias e não mais tão próximas.

Você gosta de trabalhar para e com mulheres?
Adoro trabalhar com mulheres e já tive duas mentoras que me ensinaram a "assumir" minha carreira e minhas conquistas. Sempre que eu recebia da primeira mentora um aumento e uma promoção, ela não aceitava meus agradecimentos e dizia: "Não estou fazendo isso porque sou legal; estou fazendo isso porque você é boa". A segunda tinha confiança em minha administração – algo muito valioso. Já trabalhei com e para tantas mulheres brilhantes que me sinto responsável por ajudar as mulheres a crescer.

4

Não tente isso no trabalho

Dez maneiras de se afastar de seus funcionários

Todas as amigas do mundo têm alguma história para contar sobre a *chefe megera do inferno*. É aquela que nos dizia que não tínhamos talento e que nunca faríamos nada direito; aquela que desaparecia, ao sair para almoços que duravam três horas, mas que nos advertia se fôssemos embora cinco minutos antes; aquela que levava os méritos por nossas idéias e nos culpava por seus erros.

Esse infeliz estilo de gerenciamento existe desde que Joana d'Arc vestiu sua primeira armadura e liderou suas tropas em uma batalha perdida. Os erros mais comuns de gerenciamento são geralmente muito fáceis de identificar e ainda mais fáceis de evitar. Tomando algumas precauções simples e acompanhando (ou evitando) as armadilhas de nossas antecessoras, podemos nos livrar desses comportamentos e realizar o trabalho. Em outras palavras, não é preciso ser uma megera para impor autoridade e respeito. Na verdade, é exatamente o contrário.

Comportamento ruim nº 1: deixar que suas inseguranças tomem conta do escritório

Você foi promovida e agora vai passar a gerenciar um grupo de pessoas que, até hoje, eram suas colegas de trabalho. Ao olhar para sua recém-adquirida equipe, você nota o ressentimento, a hostilidade e a desconfiança tomarem o lugar dos sorrisos amigáveis que esperava encontrar. Você começa a duvidar de si mesma. O que você tem que eles não têm? Sheila é melhor para falar em público do que você. Como você pode dizer a ela o que fazer? Mark fez mais vendas no último semestre do que qualquer outra pessoa da equipe. Por que ele escutaria o que você tem a dizer?

Após ser promovida, você começa a dar ordens de modo rude, para encobrir e esconder a ansiedade que toma conta de seu ser. Começa a se esconder no escritório. Sai para almoços-fantasmas "muito importantes" para fugir das perguntas de seus funcionários.

Pare! Você está permitindo que suas inseguranças tomem conta do escritório!

O menor sinal de dúvida pode se transformar em uma enorme bola-de-neve e gerar uma crise de confiança. Helen Stephens, coordenadora de *marketing* de viagem da Bacardi dos Estados Unidos, sugere que, "quando você começar a ter problemas com tudo e com todos, olhe para si mesma. É bem provável que você esteja projetando suas inseguranças e medos".

Se você se pegar duvidando de suas atitudes na nova posição, pergunte a si mesma se a ansiedade realmente tem origem na falta de habilidades profissionais ou na falta de auto-estima. Se for a segunda opção, o melhor conselho (e sabemos que é mais fácil dá-lo do que segui-lo) é você disfarçar até se sentir bem. Para fazer isso, é preciso demonstrar mais confiança do que você tem. Erga os ombros, respire fundo, pergunte e responda de modo direto, não tenha medo de dizer que não sabe alguma coisa e não volte atrás em decisões tomadas. A postura entra em cena quando você quer demonstrar que está mais confortável na posição de líder do que realmente está. Para disfarçar na frente de seu chefe, não permita que a insegurança seja demonstrada em seu tom de voz, quando você estiver apresentando idéias, números de vendas e planos de campanha. Seu nível de conforto aumentará conforme o tempo passar e, em breve, você enfrentará um projeto complicado sem o menor problema.

Se você perceber que, de fato, não tem algumas habilidades necessárias, enfrente as deficiências: faça uma aula, leia um manual e/ou faça algum treinamento (existem seminários de fim de semana a respeito de quase tudo nos dias de hoje, de gerenciamento a *marketing*), para que não se sinta mais como uma idiota quando estiver conversando com seus funcionários sobre a área de especialidade deles. Não conte a ninguém sobre o treinamento. A última coisa de que você precisa é ver sua equipe cochichando sobre sua falta de conhecimento. Uma mulher que entrevistamos nos escreveu para dizer que, se você está insegura, "guarde essa #$%@& para si mesma! Você é uma líder, mas isso não vem com o título. Você precisa ganhar o respeito de seus funcionários, e, se adotar o comportamento de uma criança, eles não a respeitarão".

Sua insegurança também pode prejudicar o crescimento de sua equipe. Você pode começar a evitar a participação em projetos difíceis por não se sentir capacitada a direcionar seu pessoal ao longo da execução. Ou pode começar a afastar seus funcionários com uma hostilidade não-intencional. Quando perguntamos a Lisa, ex-editora de uma revista feminina, a respeito desse comportamento ruim, ela riu e nos disse: "Certo, eu já fiz isso. Completamente. Com a mulher que havia sido contratada na mesma semana que eu. Era incrível como ela conseguia massagear todas as minhas inseguranças, principalmente se levarmos em conta como eu me sentia insatisfeita com suas habilidades e seu desempenho. Eu sempre procurava por sua aprovação – não sei por quê. O pior era que, como estávamos nessa estranha posição na qual ela se reportava a mim, embora tenhamos sido contratadas na mesma semana e não conseguíssemos estabelecer uma ordem hierárquica, tentei ser amiga dela para compensar meu desconforto. Bem, eu provavelmente teria tentado ser sua amiga de qualquer maneira, mas a situação atrapalhou minha administração".

Comportamento ruim nº 2: não liderar dando exemplo

Isso ocorre quando os padrões que você estabelece para si mesma são diferentes do que se espera dos funcionários. Para admitir esse comportamento, é preciso muita honestidade consigo mesma. Você sempre vai embora cedo, mas espera que seu pessoal trabalhe até tarde? Passa muito tempo almoçando, fazendo telefonemas pessoais e falando sobre seu fim de semana, durante grande parte da reunião matinal de segunda-feira, mas repreende os funcionários se eles fizerem o mesmo? Tivemos uma chefe que deixava todas as suas tarefas nas costas dos subordinados, tirava folga em todas as sextas-feiras do verão, por mais que houvesse trabalho a ser feito, e, pior de tudo, "pedia" para as assistentes cuidarem de seus filhos fora do horário de trabalho.

Nada disso é legal. Ser chefe não significa que, a partir de agora, você terá uma vida tranqüila. Pelo contrário: você deve ser a pessoa mais esforçada do escritório. Se, por exemplo, seus funcionários a virem sendo a primeira a chegar, a última a sair e raramente saindo para almoçar fora, eles terão dificuldade para encontrar motivos para não trabalhar direito. Para ganhar o respeito das pessoas que trabalham para você, é essencial liderar dando o exemplo e, dessa forma, estimular a equipe a imitar seu comportamento profissional. Aja como gostaria que seu melhor funcionário agisse. Procure ajudar, não fale dos outros pelas costas, seja honesta, trabalhe com afinco, respeite as pessoas e, o mais importante de tudo, goste de seu trabalho.

Lembre-se de que você é o epicentro do grupo: seu comportamento, estilo, postura, modo de ser e ambição influenciam todos ao redor. Por isso, aumente as expectativas que tem para si e, com uma atitude capaz e entusiasmada, inspire aqueles que se reportam a você.

Bruxa boa ou bruxa má?

A CHEFE AMIGA
Segue a história de nossa amiga Mindy Pine:

Com uma chefe, caí numa armadilha: pensei que fôssemos amigas. Durante três anos, adorei trabalhar para ela – e conversar sobre Sex and the City nas manhãs de segunda-feira, sobre sapatos, maquiagem e compras e sobre todos os tipos de assunto que conversamos com as amigas na hora do chá. Eu trabalhava para ela quando conheci meu marido, e ela adorava saber todos os detalhes de nosso namoro. Quando fiquei noiva, minha chefe foi uma das primeiras pessoas para quem eu quis telefonar.

Passemos para outra fase: grandes mudanças no trabalho, novas estruturas e, de repente, fui dispensada. Estava afastada dela. Sim, eu continuava com o emprego, mas não havia mais papo, nada de amizade. Ela ficou ocupada demais fazendo amizade com as pessoas novas do departamento. Durante uma conferência, ela reservou alguns minutinhos para saber das novidades. Perguntou como meu marido estava, como era seu trabalho (eu havia contado a ela diversas vezes que o trabalho dele era muito estressante). Respondi que ele estava agüentando firme.

Um mês depois, me disseram que meu cargo estava sendo eliminado e que não havia lugar para mim na nova estrutura. Foi então que percebi por que ela quis saber sobre o emprego de meu marido. Isso foi quase a parte mais triste para mim – eu a via como um modelo, alguém que ganhava um belo salário em uma área dominada por homens, um exemplo de mulher vencendo em seu campo. Agora, meu exemplo de pessoa vitoriosa queria ter certeza de que meu marido tinha meios (financeiros) de cuidar de mim. O pior disso foi que, devido a seu interesse em minha vida pessoal, pensei que fôssemos amigas.

Bruxa má. Já é coisa do passado ser amiga de todo mundo. Não se pode mais ir para o refeitório e passar uma hora conversando sobre o último episódio de *Desperate Housewives*. Quando perguntamos às mulheres qual foi o maior erro que cometeram no primeiro emprego que tiveram como chefes, quase todas responderam que foi "ser amiga de nossos funcionários". Você não está ali para ser amiga de ninguém. Está no cargo de liderança para oferecer as ferramentas e o ambiente que sua equipe precisa para atingir os objetivos. E, ao ultrapassar os limites do que seria um relacionamento estritamente profissional e em seguida, quando as coisas ficam difíceis, puxar o tapete de um funcionário, você passa a ser a bruxa má.

Comportamento ruim nº 3: discriminação de gênero – não se esqueça de cuidar de suas funcionárias

De acordo com muitas mulheres que entrevistamos, é comum que chefes homens se sintam mais à vontade com pessoas do mesmo sexo. Helen Stephens nos escreveu e disse: "Essa familiaridade é um 'elo' instantâneo com o gênero conhecido e, a menos que o gerente faça o esforço adequado para não privilegiar funcionários de determinado sexo, esse comportamento pode prejudicar a promoção da atmosfera de equipe, que é tão necessária no ambiente de trabalho".

Da mesma maneira, há muitas mulheres que são chefes e, por estarem socialmente condicionadas a se reportar a homens, têm preferência por funcionários do sexo masculino. Assim, as mulheres no ambiente de trabalho, com freqüência, podem se sentir negligenciadas por seus chefes do sexo masculino e vigiadas pelas chefes do sexo feminino. Agora que você é a mulher no comando, tem a oportunidade de mudar as coisas. Tome cuidado para não julgar suas funcionárias de modo injusto, tomando como base o comportamento masculino no âmbito profissional. Ensine suas funcionárias a se expressar. Dê-lhes a chance de brilhar, pedindo a opinião e as idéias delas em reuniões públicas.

Comportamento ruim nº 4: deixe-os em paz – por que ser meticulosa é ruim?

Se você se envolve em todas as pequenas decisões, em fases de projetos e em idas ao banco, está perdendo seu tempo e o tempo de seu funcionário. Uma mulher com quem conversamos disse que começou a "enrolar" quando percebeu que sua chefe não permitia que ela fizesse nada sozinha. Se você gerencia tudo com meticulosidade, certamente está podando o potencial de seus funcionários. Quando você os trata como crianças, adivinhe o que acontece? Eles começam a se comportar como tais, ficam incapazes de tomar decisões sem sua ajuda e passam a pedir sua opinião em projetos grandes e pequenos. Mas sabe o que é pior? Isso significa que você está estabelecendo um estilo ruim de gerenciamento, fazendo com que seus funcionários regridam, ao invés de progredir, e dando um tiro no próprio pé. Muitas das mulheres com quem conversamos trabalhavam dessa forma. Samantha Reese, dona de um pequeno negócio, disse: "É claro que eu tento não ser tão meticulosa, mas cuido de dois filhos, um marido, dez funcionários, um cachorro, duas casas e um carro há quinze anos. Para conseguir equilibrar todas essas coisas, tenho de estar no controle de tudo, e não é simples 'deixar pra lá'".

Juli Tolleson, diretora de contas da US Concepts, conta-nos uma história acerca dos efeitos de sua atitude meticulosa sobre seus funcionários. "Eu tinha uma assistente de contas que às vezes demorava muito para entregar trabalhos importantes. Em certas ocasiões, isso me fazia entrar em pânico, e comecei a lhe enviar *e-mails* pedindo atualizações sempre que ela executava um projeto. Isso não deu muito certo, pois ela começou a ignorar minhas mensagens ou a enviar respostas petulantes. Fiquei chateada por perceber que ela não parecia ter muito respeito por mim, mas entendi que, de modo geral, ela era legal e talentosa, e que eu deveria conversar com ela para saber o que estava fazendo de errado e encontrar uma solução. Ela gostou do fato de eu tê-la procurado, disse que sentia que eu a estava controlando e que isso interferia no trabalho que executava, tornando-a menos motivada para os projetos. Eu disse que compreendia seu lado, mas que ela havia deixado de cumprir alguns prazos, por isso eu ficava tensa sempre que tinha de lhe passar um projeto com prazo apertado. Perguntei o que ela sugeria que fizéssemos para ter nossas necessidades satisfeitas. Ela sugeriu um *e-mail* diário com atualizações, o que foi ótimo. A partir de então, eu deixei de perturbá-la com pedidos de atualização, e ela passou a cumprir os prazos. Aquilo funcionou, porque, em vez de eu dizer a ela o que fazer, simplesmente lhe informava qual era o objetivo e pedia que ela desse a melhor solução. Isso fez com que ela se sentisse mais motivada, respeitada e disposta a trabalhar. E eu também tive o que precisava."

Você é muito controladora?

Há uma linha tênue entre fazer seu trabalho de chefe e controlar tudo com meticulosidade, atitude esta que pode ser definida como *micromanaging*. *Micromanaging* é formalmente definido como "prestar extrema atenção em detalhes insignificantes". Na rotina diária de trabalho, significa ter seu chefe o dia todo atrás de você, questionando suas decisões, direcionando-a em todos os aspectos da tarefa, não lhe dando nenhuma autonomia e não permitindo que você deixe sua marca. Para saber se você não é uma dessas chefes chatas e ineficazes, responda rapidamente a estas perguntas:

1. Você edita *tudo* (até correspondência casual para terceiros)?
2. Você checa o trabalho das pessoas diversas vezes ao dia, enquanto elas estão ocupadas fazendo algo que você pediu?
3. Você insiste em participar de *todas* as reuniões?
4. Você se pega questionando as decisões de seus funcionários (sejam elas importantes ou banais)?
5. Você se intromete quando seus relatórios estão sendo lidos por seus funcionários?
6. Você delega apenas tarefas sem importância?
7. Você se pega enviando *e-mails* a seus funcionários ao longo do dia com tarefas, perguntas, instruções e pedidos adicionais de atualizações, em vez de consolidar tais pedidos em políticas abrangentes?

Se a resposta para a maioria das perguntas foi sim, então você é louca por controle. Está surpresa? Achamos que não. Para chegar aonde está, você precisou ter o controle de tudo. E, claramente, foi boa nisso, porque lhe deram a responsabilidade de gerenciar outras pessoas. Mas seu emprego mudou, e controlar tudo a respeito de seus projetos e de sua carreira é muito diferente de direcionar pessoas. Você precisa ensinar, esclarecer, direcionar e supervisionar seus funcionários, mas não executar o trabalho que lhes compete. Será uma transição difícil a partir do momento em que você decidir parar de se preocupar com todos os detalhes, por isso vá devagar. Reduza a quantidade de vezes que confere o andamento do trabalho de cada pessoa, evite uma ou duas reuniões por semana, deixe que seus encarregados deleguem suas ordens para os funcionários e peça um *e-mail* semanal, e não diário, de seus funcionários.

Comportamento ruim nº 5: expectativas e críticas insensatas

Como executiva júnior de vendas (apenas um passinho acima de assistente), Lisa Blake teve um patrão que esperava que ela fosse às reuniões com idéias, conhecimento e resolução de problemas que só seria capaz de fornecer depois de anos de experiência. Para ela, que exercia a profissão havia poucos meses, aquilo parecia uma grande loucura. As expectativas nada razoáveis do chefe levavam a críticas irracionais, e ela era constantemente inferiorizada por não ter mais a oferecer. Depois de onze meses, Lisa teve de pedir a demissão. No final, ela se deu bem: na verdade, quatro anos depois, ela abriria o próprio negócio. Imagine quantos benefícios seu empregador poderia ter conseguido com sua ajuda com o passar dos anos. Em relação a críticas razoáveis, Trae Bodge, co-fundadora e diretora de criação do Three Custom Color Specialists, afirma que não se deve ter medo de criticar os funcionários ou de esperar coisas deles, dizendo que "é difícil, principalmente quando trabalhamos perto de uma pessoa, comentar o trabalho dela e o modo como ela poderia melhorá-lo. Mas, lembre-se, você está fazendo algo bom para essa pessoa e também para o ambiente de trabalho, pois isso deveria (quando realizado apropriadamente) apenas fortalecer o relacionamento".

Quando delegar tarefas, seja realista a respeito do tempo que dará para a execução. Todos se beneficiarão se você, como chefe, controlar o que cada um tem para fazer. Os funcionários que querem agradar não dirão quando estiverem com muita coisa para fazer, e apenas aceitarão mais e mais trabalho, até ficarem esgotados. Como chefe, você precisa estar o tempo todo ciente da lista de tarefas de cada um. Tivemos uma situação em que uma funcionária aceitava trabalho a cada reunião. Sempre que um novo projeto era apresentado, ela se oferecia, levantando o braço e dizendo: "Eu adoraria assumir essa tarefa". Quando ela começou a não cumprir prazos e a qualidade de seus serviços piorou, nós ficamos muito chateadas. Pensávamos que ela não estava satisfazendo as expectativas, até que pegamos sua lista de afazeres e percebemos que estávamos fora da realidade.

Ao estabelecer suas expectativas para seus funcionários, você também precisa pensar nos pontos fortes e fracos deles. Se um deles escreve muito bem, mas não é tão rápido, não passe a ele um projeto que tenha prazo apertado. Se há alguém muito criativo, mas novo no negócio, saiba que ele não apresentará idéias em um *brainstorming*, mas dará continuidade às sugestões feitas por outros.

Por último, seja clara com os funcionários a respeito do que considera um bom trabalho, quando delegar projetos. A chefe preguiçosa é aquela que dá pouca orientação para a realização de uma tarefa, sem definir o que será considerado um sucesso, e que depois explode quando as expectativas não são satisfeitas. Se você quer que trinta unidades de determinado produto sejam vendidas até a próxima quinta-feira, diga a seus funcionários que é isso que você quer dizer com "aumentar as vendas desta semana". Se quiser um documento preenchido até domingo, diga isso com todas as letras, em vez de dizer "faça isso rapidamente". Se você definir as expectativas para sua equipe e elas não forem satisfeitas, aí então você pode criticar.

A palavra
DICAS DA DRA. DORRI JACOBS, MEDIADORA

A dra. Dorri Jacobs, consultora, mediadora e autora conhecida internacionalmente, nos dá alguns conselhos sobre resolução de conflitos e demissões e nos oferece sugestões de como lidar com algumas das situações mais complicadas no gerenciamento.

Você tem dicas para nos dar sobre como se tornar uma chefe melhor?
Confie na competência do funcionário. Em vez de criticar, permita que as pessoas expliquem que aspectos poderiam melhorar e quais recursos lhes faltam (informação, equipe, equipamento, tempo). Elogie com freqüência.

Como chefe, você sempre se encontra numa posição de mediação. Qual é o objetivo por trás da mediação no local de trabalho?
A mediação ajuda as pessoas a resolver seus problemas trabalhando juntas. As partes envolvidas têm a oportunidade de falar, escutar umas às outras, criar e discutir possíveis soluções que satisfarão a todos.

Você tem alguma dica sobre como demitir com dignidade uma pessoa?
Seja honesta. Seja humana. Dê um tempo para a pessoa, não espere que ela saia no mesmo dia. Se for sua essa decisão, explique por que a pessoa está sendo dispensada. Se for um problema de desempenho, analise se o funcionário sabia do problema e se teve oportunidade de melhorar. Dê ao funcionário uma carta de referência e diga que futuros empregadores podem entrar em contato com você.

Você tem dicas sobre como resolver conflitos?
Certifique-se de que há tempo suficiente para que todos os envolvidos expressem suas necessidades e sentimentos, de que todos serão ouvidos. Nada de soluções rápidas – não recorra à primeira "solução" sem verificar cada uma das reações. Esteja disposta a ir além, se necessário, para que os funcionários obtenham uma resposta que satisfaça a todos. Treine para se sentir à vontade em meio a conflitos e pessoas emocionadas.

Comportamento ruim nº 6:
tratar sua assistente como companheira, babá, motorista, empregada doméstica ou melhor amiga

Para evitar tratar seu assistente de qualquer outra maneira que não seja como assistente, crie uma descrição do trabalho (contendo apenas as tarefas relacionadas ao cargo) antes de entrevistar um candidato. Depois da contratação, se atenha a ela. Parece fácil, certo? Não é muito, principalmente naqueles dias em que você está presa em reuniões durante o dia todo e não consegue encontrar quinze minutos para correr ao banco, ou está se preparando para uma conferência de vendas e precisa buscar as roupas na lavanderia. Se não quiser ser classificada como uma megera, por favor, por favor, por favor, não saia da linha pedindo para que sua solícita assistente leve seus sapatos para o conserto, compre seus esmaltes, deposite seu salário, compre um cartão de aniversário para sua mãe ou qualquer outra coisa pessoal. Helen Stephens lembra que sua assistente acabará se sentindo "diminuída e ressentida por perceber que você acredita que ela também pode cuidar de suas coisas pessoais". Na maioria dos casos, o assistente é pago para ajudar somente com problemas relacionados ao *trabalho*, por isso siga em frente e peça que ele agende sua viagem de negócios, mas não que ele pesquise informações sobre Marrocos para suas próximas férias.

Tal situação é uma armadilha na qual as mulheres costumam cair. Poucas de nós conhecem o equilíbrio correto entre ser amigável porém profissional e ser amiga. Você não pode ser amiga de seu funcionário, por mais que o adore. Sua lealdade tem de ser para a empresa na qual trabalha, e você complica as coisas para si mesma e para seus funcionários quando transforma um relacionamento profissional em pessoal.

Aqui vai uma dica a respeito de como ser séria no escritório: não exagere. Acredite se quiser, mas é possível ser profissional *demais* com seus funcionários. Tivemos uma chefe que não nos contava nada sobre sua vida pessoal. Após dois anos trabalhando com ela, não sabíamos onde ela morava, se era casada, tampouco o que fazia antes de trabalhar ali. Ela não mantinha uma foto sobre a mesa ou na agenda. Sabíamos que ela estava tentando manter a distância "adequada", mas fazia com que os funcionários se sentissem desconectados. O exagero era tanto que, quando ela saiu da empresa para um novo emprego, quase não se comentou sua partida e rapidamente aceitamos sua substituta. Você quer que sua equipe a apóie e que se importe o suficiente com você para trabalhar com afinco. Para que isso aconteça, é preciso que os funcionários gostem de você, pelo menos um pouco. Sabemos que pode parecer contraditório, mas contar algumas informações de sua vida pessoal para seus funcionários faz com que você se torne para eles um ser humano que vive e respira, não apenas uma figura de autoridade. Além disso, é mais fácil trabalhar com afinco para uma Jessica do que para uma Chefe. Conte a eles onde cursou a faculdade, como resolveu entrar na área, como foi sua primeira experiência de trabalho, o que gosta em sua profissão e até qual seu destino favorito para as férias. Não conte sobre a primeira vez que ficou bêbada, sua vida romântica, conflitos que você possa estar tendo com outras pessoas na empresa, objetivos a longo prazo para a carreira ou qualquer assunto que você discuta com sua terapeuta. Se você conseguir encontrar o equilíbrio perfeito entre informação demais e de menos, seus funcionários terão carinho e respeito por você.

Oito hábitos para passar adiante

Por ser chefe, você tem uma platéia atenta. Você pode estabelecer padrões para a maneira de agir de seus funcionários como membros de sua equipe. Os mais jovens e dispostos a observam para saber como devem se comportar profissionalmente, por isso ensine-os bem. Para obter o melhor de todas as pessoas diariamente, demonstre ótimos hábitos de trabalho.

Seja limpa
Não deixe papéis espalhados na mesa, propagandas, xícaras de café, sapatos empilhados num canto ou plantas mortas em seu escritório. Se você mantiver seu espaço limpo, seus funcionários provavelmente farão o mesmo.

Perguntas e respostas
Quando sua equipe procurá-la com perguntas, responda na hora. Se não souber a resposta, diga que não sabe, mas que vai descobrir. Isso mostrará a seus funcionários que eles não devem inventar respostas por estarem envergonhados de admitir que não sabem alguma coisa. Da mesma forma, você pode inspirar sua equipe a resolver problemas da maneira certa demonstrando que, quando você encontra uma dificuldade, procura descobrir todos os detalhes antes de oferecer uma solução.

Tarefas

Ensine sua equipe a passar alguns minutos no final do expediente fazendo uma lista de afazeres para o dia seguinte. É uma maneira eficiente de usar os últimos vinte minutos do dia, que costumam ser inúteis.

E-mails rápidos

Quando sua equipe lhe enviar *e-mails*, responda-os na hora. Você não deve fazer seus funcionários esperarem por respostas necessárias para a continuidade do trabalho, e, ao mesmo tempo, não deve passar a imagem de que não há problema em adiar soluções.

Seja pontual

Chegue sempre no horário. Quando você se atrasa para reuniões, compromissos, discussões ou qualquer outra coisa, está demonstrando que não se importa com atrasos. Já que você está ensinando seus funcionários a serem colaboradores ideais, ensine-os a chegar no horário.

Vista-se profissionalmente

Mesmo que você acredite ser mais criativa quando está usando calças *jeans*, não as use no escritório. Você deve inspirar seus funcionários a se vestirem profissionalmente.

Não beba

Quando for almoçar com seus funcionários, não peça uma taça de vinho. Se estiver com um cliente ou um membro de sua equipe, recuse um coquetel. Se optar por uma tônica, um refrigerante ou um suco enquanto estiver no horário de trabalho, seus funcionários farão o mesmo, mas, se você acha normal beber durante o horário de trabalho, vai abrir caminho para o perigo. Pergunte a si mesma se você acha normal que seus empregados bebam enquanto almoçam com clientes.

Esteja sempre preparada

Ao fazer uma apresentação a sua equipe ou a um cliente, esteja preparada. Assim, sua confiança será maior e você incentivará seus funcioná-

> rios a obter conhecimento sobre determinado assunto antes de participar de uma reunião ou apresentação.

Comportamento ruim nº 7:
pensar que seus funcionários entenderão o que você quer por telepatia

Você deseja que seus funcionários fiquem atrás de você ansiosos, tentando descobrir o que você quer que eles façam e como quer que seja feito? Esperamos que a resposta seja: "É claro que não!" É isso que acontece quando você tenta passar as informações por telepatia. Pessoas que trabalham com você há bastante tempo podem conhecer suas preferências, mas isso quase nunca acontece com novos funcionários. Facilite a vida de todo mundo repassando as orientações e expectativas de modo claro e conciso. Lembre-se de que muitas pessoas preenchem as lacunas nas informações com suposições negativas (ela não gosta de mim, está me evitando, serei demitido, fiz algo de errado), por isso diga exatamente a seus funcionários o que quer deles.

Comportamento ruim nº 8:
receber os créditos sem dá-los

É muito ruim receber os méritos pelos trabalhos de outras pessoas, e pior ainda quando você não elogia os trabalhos bem-feitos. Antes que você pule este parágrafo porque acha que nunca faria isso, pense nesta situação: o vice-presidente pediu que você fizesse um relatório, e você chama sua equipe para ajudá-la no projeto. Duas semanas após a entrega, o vice-presidente finalmente consegue analisar o trabalho e a chama na sala dele para parabenizá-la pela ótima tarefa. Você se cala o resto do dia e não comenta com a equipe o elogio feito pelo vice-presidente. Você está recebendo o mérito sem dá-lo a quem merece? Sim. É intencional? Talvez não. Seu chefe gostaria que você elogiasse a equipe naquele momento? Talvez sim, talvez não. Talvez ele acredite que ter uma equipe formidável faz parte de seu trabalho. De qualquer maneira, uma boa chefe, logo após sair da sala do vice-presidente, reuniria os membros da equipe que contribuíram para o relatório para parabenizá-los e elogiá-los, ou, pelo menos, enviaria um *e-mail* à equipe. Se você fizer isso, agradará a todos que a ajudaram a se dar bem, e eles merecem agradecimentos. Se muitas oportunidades de elogiar forem perdidas, logo você terá uma equipe sem ambição, interesse e compromisso.

Comportamento ruim nº 9:
chorar, gritar e perder o controle

Quase todas as pessoas que entrevistamos para este livro tinham uma história sobre uma chefe que costumava gritar ou chorar. Isso não é bom, porque as mulheres costumam ter a fama de ser exageradamente "emocionais" no ambiente de trabalho, e são necessárias apenas algumas "choronas" nas empresas para a perpetuação desse estereótipo. Mesmo que você grite raramente ou chore apenas em situações muito, muito extremas, ainda assim é demais. Se você chegou ao ponto de demonstrar qualquer emoção extrema no escritório, então perdeu o controle no meio do caminho e precisa recuperá-lo. Se costuma gritar, experimente o método dos dez segundos. Quando algo a deixar nervosa, antes de reagir, respire da seguinte forma: inspire puxando o ar por cinco segundos e expire expulsando-o por mais cinco. Quando você começar a segunda respiração, já deverá estar calma o bastante para discutir o assunto sem gritar. Se você costuma chorar, há muitos motivos para que mude esse comportamento. O primeiro e principal deles é que as pessoas perdem o respeito por chefes que choram. Imagine que você está no escritório de sua chefe: ela acabou de receber a notícia de que a empresa perdeu um faturamento e começa a chorar na sua frente. Esse comportamento, além de inadequado, é completamente estranho. Como adultos, não podemos chorar. Assim, não inspiramos confiança nem respeito. Certamente inspiramos compaixão, empatia e um pouco de pena. Mas você quer que sua assistente sinta pena de você? O pior aspecto desse comportamento é que você passa a impressão de que não há problema algum em ser altamente emotiva no local de trabalho, e isso não é verdade.

Comportamento ruim nº 10: ser invejosa

A inveja é um sentimento que mostra sua cara feia das maneiras mais inadequadas. Pode ser que você esteja gerenciando uma pessoa brilhante e muito criativa ou que tem mais potencial do que você (você só vai admitir isso se for realmente sincera consigo mesma). Se você não conhece a si mesma muito bem e se depara tratando esse funcionário de maneira ruim, é sinal de que a inveja pode estar em ação. Conversamos com Anat Baron, ex-produtora de Hollywood e atualmente empresária, que teve uma "invejosa" em sua vida: "Quando eu tinha uma produtora, trabalhei com (e não para) uma vice-presidente de desenvolvimento que não largava do meu pé. Ela sempre queria saber com quem eu estava conversando, com quem eu ia almoçar etc. Quando chegou a época de renovar meu contrato, eu estava na Europa, no casamento de uns amigos. Ela era tão chata e invejosa que não fora convidada (o casal era formado por uma outra produtora e um agente) e fez com que meus cheques deixassem de ser depositados. Descobri isso enquanto estava fora do país, então voltei e larguei o emprego. A vida é curta demais para nos deixarmos envolver por energia ruim como a dela".

Se você se sente ressentida com um funcionário, pense que isso é apenas sua natureza competitiva entrando no caminho e lembre-se de que, se seu funcionário obtiver êxito, você também obterá.

Conversa de mulher
LOUISE JORDAN, EXECUTIVA

Para conhecermos outra opinião, conversamos com Louise Jordan, executiva de contas da Deussen Global Communications, sobre seu ponto de vista em relação a ter uma chefe.

Você já percebeu características de gerenciamento comuns entre chefes do sexo feminino?
Elas são muito emotivas. Várias vezes, tive chefes que, se estavam tendo um dia ruim, acreditavam ser normal descontar sua raiva em mim. Além disso, em muitos casos, acredito que eu as ameaçava. Em vez de agirem como mentoras e ficarem felizes com meu crescimento, parecia que elas queriam me prender. Nos piores casos, tratava-se de inveja descarada.

Muitas de suas chefes tentaram ser amigas em vez de manter apenas uma relação profissional?
Sim, eu tive uma chefe que sempre queria que eu saísse com ela. Quando eu não podia ir ou tinha alguma coisa para fazer, me sentia muito desconfortável, porque parecia que eu estava ferindo seus sentimentos, e ela me tratava um pouco mal durante o dia de trabalho. Era como estar entre a cruz e a espada. Apesar disso, acredito que é possível ter amizade com sua chefe. Não se pode falar de negócios o tempo todo, afinal somos seres humanos. Mas é necessária a compreensão de que há um limite entre chefe e empregado, um limite que não deve ser ultrapassado e determina que, como chefe, você não pode usar seu poder para abusar da boa vontade do funcionário.

Como você gosta de ser gerenciada?
Gosto que minha chefe me dê um projeto ou uma tarefa, explique em detalhes o que ela quer (mas seja flexível para escutar minhas idéias e opiniões) e me deixe seguir adiante. Depois, gosto quando nos reunimos para discutir o andamento, as mudanças que precisam ser feitas etc. Assim, sinto que estamos unidas, mas que não estou sendo meticulosamente controlada. Além disso, é muito importante dar *feedback* positivo. Todas as pessoas gostam de sentir que estão fazendo um bom trabalho. Claro que elas precisam estar fazendo um bom trabalho para obter *feedback* positivo. Eu tive uma chefe que nunca me dizia que eu estava fazendo a coisa certa. Sempre dizia que eu estava fazendo coisas erradas, e isso me deixava muito frustrada, até que, no fim, eu não quis mais fazer bem-feito. É muito desmotivador sentir que nada do que fazemos é bom o bastante.

O que você aprendeu com as chefes que já teve?
Por ter tido chefes desafiadoras, acredito que eu seria uma boa chefe. Percebo que sou bem mais paciente do que já fui, porque tive uma chefe que era muito instável e de difícil trato, e aprendi a apenas relaxar, me manter calma e esperar seu mau humor passar. Antigamente, eu ficaria muito chateada e permitiria que isso tomasse conta de mim. Agora, aprendi que não é bom deixar as emoções entrarem no local de trabalho. É melhor você se afastar e se acalmar. Apesar disso, também aprendi a me impor. Trabalhar para alguém não significa que essa pessoa pode tratá-la como quiser.

Você quer compartilhar mais alguma coisa?
Apenas mais uma: no mundo dos negócios, onde os homens ainda ganham mais que as mulheres para executar os mesmos serviços, e onde 95% dos cargos de CEO e de chefia são ocupados por homens, acredito que as mulheres têm de dar apoio umas às outras, em vez de se sentir ameaçadas. Sei que isso tem sido dito diversas vezes, para muitas coisas, mas é a verdade. De certa forma, foi muito bom, para mim, ser mal gerenciada por algumas chefes, porque sei que não repetirei os mesmos erros quando eu for chefe.

5

Comunicar, motivar, celebrar

Agora que você tem uma equipe sólida, o que fazer para mantê-la motivada e feliz? Em todos os livros que lemos, em todas as entrevistas que fizemos e em todas as pesquisas que já vimos, o conselho é o mesmo: comunique-se. Comunique-se de modo positivo. Compartilhe boas notícias. Critique em particular, elogie em público. Adote uma política de portas abertas. Não fale, ouça. Não há como ser sozinha dentro de uma equipe. Crie o coletivo. Tudo isso parece ótimo, mas como conseguir esses feitos?

A diretora de recursos humanos de uma empresa de engenharia com quatrocentos funcionários e escritórios em Nova York, New Jersey, Pensilvânia e Flórida nos disse que, em suas entrevistas de demissão com mais de cinqüenta funcionários nos últimos seis meses, todos alegaram o mesmo motivo para deixar a empresa: "Não há comunicação suficiente da administração".

Pouca comunicação da administração? Se você nos perguntasse há alguns anos qual era o motivo principal para as pessoas deixarem o emprego, invariavelmente diríamos que elas queriam ganhar um salário mais alto. Mas o que estamos escutando cada vez mais é que a comunicação é o ponto-chave. Os funcionários querem saber o que se espera deles. Libby Sartain, chefe de pessoas (diretora de recursos humanos) do Yahoo!, diz que, em sua carreira de trinta anos, tem percebido que as pessoas trabalham todos os dias dispostas a dar o melhor de si e a somar. E, se fazem o que se espera delas, querem saber o que podem esperar em troca.

Obviamente, parte do retorno é a remuneração. Mas há muito mais. Lembre-se: as pessoas *querem* realizar um bom trabalho. Então, como você pode ajudá-las a fazer isso? Como mantê-las motivadas e inspiradas para trabalhar todos os dias? Como dar a sua equipe o que ela precisa para obter êxito? Este capítulo fala sobre o que as boas chefes podem fazer para manter a satisfação dos funcionários.

É uma via de mão dupla

Há muitas pessoas infelizes no ambiente de trabalho. Ao procurarmos na Internet, encontramos diversos *sites* nos quais as pessoas reclamam do chefe, além de seções nas quais as pessoas podem postar reclamações anônimas sobre o chefe e os colegas de trabalho. Existe até um *blog* que diz: "Bem-vindo à comunidade 'eu detesto meu emprego'. Aqui acreditamos que escrever sobre seu emprego o ajudará a lidar melhor com clientes idiotas, decisões estúpidas de chefes e outras porcarias que você encontra no trabalho todos os dias".

"Outras porcarias que você encontra no trabalho todos os dias"? Essa é uma atitude terrível. É claro que todas nós já tivemos empregos ruins, mas podemos afirmar honestamente que, em todas as situações, os empregos eram ruins porque os chefes eram terríveis? Você admite que em alguns momentos suas habilidades não eram compatíveis com a posição? Nós admitimos.

No início de nossa carreira, nós duas trabalhamos na mesma empresa de relações públicas, que era muito agitada. Foi nossa primeira experiência em uma agência de verdade e nos ensinou muito sobre manter os olhos abertos. Ficamos impressionadas com as pessoas com as quais trabalhamos – elas eram espertas, altamente motivadas e buscavam resultados. Assim que entramos na empresa, percebemos que tínhamos de apresentar um bom desempenho ou mudar de emprego. Não havia um treinamento real, mas todas as pessoas pareciam dominar o que faziam. Era algo motivador e assustador ao mesmo tempo. Todos os dias, tínhamos a impressão de que perderíamos o emprego se cometêssemos um único erro. Aprendemos o máximo que pudemos, demos o melhor de nós, tiramos o máximo de proveito do lugar em um ano. De alguma forma, aquela agência nos marcou. Passamos a admirar seu fundador e até pedimos os conselhos dele para abrirmos nosso próprio negócio. Não queríamos gerenciar nossa empresa da mesma maneira, mas nos surpreendíamos com o potencial das pessoas que ele sempre contratava e a qualidade do trabalho que elas realizavam. Nem sempre o ambiente era agradável, mas, certamente, era sempre produtivo. E, se formos bastante honestas, podemos admitir que não realizamos o melhor de nosso potencial naquela empresa e que nossa partida não se deveu a um problema de administração. No entanto, ao lermos fóruns repletos de reclamações, nunca vimos as pessoas assumirem a responsabilidade por sua parte. Elas são sempre vítimas da má administração e da má comunicação.

Em relação à má administração, damos o mesmo conselho que seu terapeuta lhe dá quando você está em um mau relacionamento: analise a si mesma. Avalie honestamente seu desempenho e suas habilidades de comunicação e veja se consegue fazer alterações em sua abordagem, para conseguir melhores resultados. Lembre-se de que toda história tem dois lados.

A palavra
DICAS DE JUDITH GLASER, AUTORA DO *BEST-SELLER CREATING WE: CHANGE I-THINKING TO WE-THINKING AND BUILD A HEALTHY, THRIVING ORGANIZATION* E DE *THE DNA OF LEADERSHIP*

Judith se intitula antropóloga organizacional e treinadora. Ela ensina novos caminhos para os líderes, criando ambientes de trabalho voltados para o coletivo de modo a apoiar o crescimento e o desenvolvimento das pessoas, das parcerias e do sucesso nos negócios. Como treinadora, facilitadora e *designer* organizacional, ela trabalha para fazer os clientes conseguirem aumentar seu potencial e chegar ao próximo nível de sucesso, por meio de um processo que ela chama de "jornada". Esse processo cria novas maneiras de pensar e novos tipos de conversas vitais e corajosas, além de permitir que os líderes redefinam desafios, repensem estratégias, reinventem novos produtos e serviços, construam fortes parcerias com os clientes, fomentem fusões e aquisições e criem novos modelos de negócios que tragam rentabilidade e crescimento – com uma linha direta de visão ao cliente.

Seus clientes formam uma grande variedade de empresas. São organizações que procuram manter uma posição de liderança, revitalizando o foco de estratégia de negócios para se tornarem mais competitivas e rentáveis e aumentarem o desempenho. Entre elas, estão empresas como Siemens, Pfizer, Coach, Lipton, VeriSign, Thomson, Novartis, Verizon, Citibank, Donna Karan International, Exide Technologies e Clairol.

Judith conta qual é sua opinião a respeito da criação de um ambiente positivo por meio de conversas saudáveis e voltadas para o "nós":

Precisamos lembrar que existe um ser humano do outro lado da conversa. Incentivo meus clientes a escutar bem sem julgar, e sempre os lembro de que a principal habilidade de um líder eficaz é abrir espaço para outras pessoas, e não retirá-lo. É preciso saber que as palavras podem unir pessoas, e é necessário fazer com que elas vejam os outros como amigos e colegas, ou que podem causar discórdias e fazer com que os outros sejam vistos como inimigos.

Ao longo de meus anos de consultoria, percebi que, conforme crescemos em um emprego, somos levados de uma posição de poder a outra posição de poder, de uma caixa a outra. Se você se preocupar apenas com o poder da posição, começará a assumir atitudes que destroem empresas. Em meu livro, relaciono os principais comportamentos que fazem com que empresas e executivos falhem:

- *falta de foco, propósito ou visão compartilhada;*
- *falta de comunicação a respeito da empreitada;*
- *falta de ambição organizacional e de uma abordagem estratégica para chegar lá;*

- incapacidade de reunir recursos e talento, criatividade e responsabilidade;
- incapacidade de derrubar muros entre divisões;
- falta de coesão do grupo e incapacidade de desenvolver acordos de equipe, regras de compromisso e processos de tomada de decisões;
- incapacidade de enxergar o que está do lado de fora e cuidar do cliente;
- falta de esperança e de vontade – um ambiente punitivo.

Para que executivos e empresas obtenham sucesso, eles devem ter a habilidade de:

- ter conversas saudáveis, que criem um senso de propósito comum, e estabelecer uma forte voz de liderança e um foco certeiro no trabalho que precisa ser realizado;
- deixar clara a ambição da empresa e criar um foco estratégico que incentive os funcionários a sair da zona de conforto e a tomar uma atitude diante da ambigüidade;
- deixar para trás a bagagem tóxica e emocional do passado e usar novos recursos e talentos mal utilizados, incentivando a criatividade e a responsabilidade;
- trocar conhecimento e sabedoria entre grupos;
- ter conversas vitais que desafiem criativamente todas as partes;
- criar e seguir acordos de equipe, regras de compromisso e um processo claro de tomada de decisões;
- redefinir circunstâncias desafiadoras de modo criativo, para contar novas histórias com um foco externo que relacionem as necessidades dos clientes, explorem e moldem as tendências do futuro e reposicionem o negócio na busca pela liderança;
- concentrar-se nas coisas positivas, celebrar sucessos, aprender com os erros e formar esperança e vontade no DNA organizacional – para, assim, criar e conquistar importantes momentos de sucesso;
- o mais importante, ser capaz de se impor e não ter medo de criar uma "empresa voltada para o coletivo", que defenda a atitude de "estamos juntos nessa situação".

A palavra é "reunião": como realizar encontros frutíferos

Não gostamos muito de reuniões. Somos uma pequena empresa, com um escritório aberto, no qual a comunicação acontece com facilidade. Escutamos as conversas uns dos outros, retemos o que precisamos saber, ficamos concentrados e realizamos o trabalho – que, em nosso caso, é gerar resultados na mídia para nossos clientes. Era isso que pensávamos. Percebemos que as pessoas não estavam prestando atenção no que ouviam para que depois buscassem o sucesso. Objetivos não estavam sendo alcançados. Os funcionários não sabiam o que tinham de fazer nem quais eram suas prioridades. O que havíamos feito de errado? Estávamos tentando criar uma cultura na qual as pessoas agissem como nós agíamos – elas sabiam o que tinham de fazer e faziam. Como pudemos esquecer nossa primeira experiência profissional tão rapidamente?

Tínhamos de encontrar uma maneira de dar à equipe o que ela precisava. Ficamos surpresas quando a resposta apareceu em um lugar onde nunca teríamos procurado – uma reunião. Tivemos uma terrível reunião com os funcionários certa manhã, quando descobrimos que alguns artigos sobre nossos clientes, dos quais precisávamos, não estavam sendo escritos. Tivemos de explicar os objetivos de modo muito claro e específico para uma de nossas publicitárias. Dissemos a ela exatamente de que precisávamos e qual era o prazo final. Nós duas nos sentimos muito mal. Se isso tivesse acontecido a uma de nós duas em uma reunião, teríamos morrido de humilhação. No entanto, o que vimos foi uma grande transformação. Sem o peso de ter de adivinhar o que tinha de fazer e qual era o prazo, nossa publicitária se sentiu à vontade para criar. E fez tudo brilhantemente. Ela é uma excelente publicitária, mas não é muito boa em controlar o tempo. Por isso temos de ajudá-la a estruturar seu tempo. Isso não é um grande problema, se ela consegue dominar o trabalho. Lembre-se: o importante é ter o domínio.

Concentre-se no futuro:
plano de desenvolvimento de carreira

A coisa mais difícil que um negócio pode enfrentar é a perda de um funcionário. Até mesmo um empregado medíocre foi treinado e pode ser preparado para atingir um próximo nível. É importante pensar tanto no futuro individual de seu funcionário dentro da empresa como nos objetivos de vendas. Criar planos de desenvolvimento de carreira é uma ótima maneira de você se entender com seus empregados a respeito do futuro deles.

Um plano de desenvolvimento de carreira envolve fazer uma lista de objetivos de longo e curto prazo para cada funcionário, tanto na posição que ele ocupa quanto na que pode ocupar. Por exemplo, um vendedor terá não apenas uma lista com os objetivos de venda, mas também os pontos que ele terá de alcançar antes de se tornar um gerente de vendas.

Além disso, destaque uma seqüência planejada de experiências formais e informais para ajudar o funcionário a atingir o objetivo. Também é importante falar sobre os sonhos e as esperanças pessoais. Libby Sartain, chefe de pessoas do Yahoo!, havia acabado de finalizar um plano de desenvolvimento de carreira com um de seus funcionários quando a entrevistamos. Ela explicou que os objetivos pessoais sempre figuram nos planos. Esse funcionário tinha filhos pequenos e não queria ser transferido nem viajar por longos períodos. Deixou claro que seu futuro na empresa estava ligado a continuar na região. Se você estiver desenvolvendo um plano com seu funcionário, ele deve ter muito espaço para falar sobre o próprio futuro, pois você deve manter as melhores pessoas em sua equipe.

Os objetivos do desenvolvimento de carreira devem estar ligados ao potencial da pessoa. Por fim, o propósito de um plano de desenvolvimento de carreira é ajudar o funcionário a alcançar seus objetivos. Ao fazer isso, a organização também aumenta a probabilidade de manter o trabalhador, já que o gerente o ajudou a pensar como pode atingir seus objetivos de carreira dentro da empresa, em vez de abandoná-la.

Outro benefício do plano de desenvolvimento de carreira é que ele ajuda os funcionários a estabelecer expectativas realistas para crescer na empresa. O plano deve sugerir períodos para a realização de certos pontos, como promoções, e identificar áreas que precisam ser melhoradas antes de alcançar o ponto seguinte. Planos não são compromissos, e sim um mapa da estrada para o futuro. Dê uma explicação de sua parte no acordo: "Se você fizer isso, isso e isso, vai receber aquilo, aquilo e aquilo".

Aqui estão os passos para o plano de desenvolvimento de carreira:

- Reúna-se com seu funcionário para identificar os interesses dele em curto e longo prazo. Especificamente, peça que ele destaque seus objetivos em curto prazo (um ano) e longo prazo (de dois a cinco anos). Pergunte-lhe também sobre seu emprego atual: ele está interessado em receber tarefas especiais, participar de treinamentos, adquirir novas habilidades ou contribuir de modos diferentes com o departamento?
- Não se esqueça de perguntar sobre os objetivos familiares e comunitários. Ele pode ser transferido, ou está interessado nisso?
- Depois da reunião, sente-se com seu gerente e analisem se vocês podem ajudar o empregado a alcançar os objetivos. Se não puderem, é preciso identificar o motivo e propor uma solução.
- Prepare o plano e marque mais uma reunião para revisá-lo. Entregue uma cópia ao funcionário e coloque outra no arquivo dele. Acompanhe o progresso que ele fará durante um ano e discuta o plano na avaliação de desempenho. Se ele estiver muito adiantado, adapte o plano de modo adequado. Se estiver muito atrasado, tente colocá-lo no caminho certo e adapte o plano.

Bruxa boa ou bruxa má?

ALGUMAS MEGERAS SÃO LOUCAS
Uma história assustadora de nossa amiga Aleta Jones:

Fui contratada como gerente de edição de um site sobre noivas – na época, era um site que abrigava diferentes revistas (um acordo infeliz, para dizer o mínimo) – no último dia de minha lua-de-mel. O site estava prestes a passar por um grande upgrade em seu sistema operacional, que havia sido planejado de acordo com as especificações de minha chefe, Justine. Na verdade, a idéia de tornar o site um local de acesso para muitas revistas foi dela, e eu imaginei que ela fosse capaz de lidar com aquilo, porque, como percebi mais tarde, ela gritava tanto e de modo tão histérico que as pessoas deviam dizer sim apenas para que ela os deixasse logo em paz. Na semana em que fui contratada, Justine havia contratado uma assistente editorial que também seria sua assistente. Isso aconteceu na segunda semana de novembro. Na quinta-feira de minha primeira semana, Justine avisou que estava se demitindo e que não retornaria para o trabalho depois do feriado de Ação de Graças. Prometeu que, nas duas semanas e meia que lhe restavam, estaria à disposição para nos atender. Fiquei sabendo que eu passaria a ser a editora do site, sem receber um aumento e sem ficar com a sala de Justine nem com sua assistente.

As duas semanas seguintes foram como um sonho ruim que só foi piorando. Um incidente típico: fui à sala de Justine para esclarecer uma dúvida sobre a funcionalidade do novo sistema. A porta estava aberta, então bati e entrei. Justine estava com os joelhos e as mãos no chão. Eu disse: "Justine?" Ela gritou: "Agora não! Estou fazendo algo muito importante!" Ela estava procurando uma pedrinha que havia caído de seu colar. Sim, eu conheço a importância de uma jóia na vida de qualquer mulher, mas, convenhamos, aquilo era o que ela chamava de estar disponível para esclarecer minhas dúvidas sobre o novo sistema? Ainda estou impressionada com sua total falta de comprometimento com o site, o projeto e as contratações que realizou na época. Pior que isso foi a maneira como ela abandonou quase todos os departamentos com os quais trabalhava – principalmente o de tecnologia. Fui colocada em uma posição para a qual não estava preparada e tive de passar seis meses reconstruindo pontes que ela havia destruído. O pior de tudo? Ela tentou me contratar para a empresa que estava abrindo.

> Às vezes, as chefes são simplesmente malucas. Se você tiver sorte, elas abandonarão o emprego ou serão demitidas. Se isso não acontecer, encontre outro emprego, ou outra chefe.

Todas nós ganhamos: estabeleça objetivos para unir sua equipe

Objetivos individuais. Objetivos da equipe. Objetivos do departamento. Objetivos da empresa. Em todos os níveis e passos do caminho, você precisa de objetivos para obter êxito. A maioria dos livros de auto-ajuda no mercado dirá que o primeiro passo para alcançar seu objetivo é dizê-lo em voz alta. E, depois, escrevê-lo. O dr. Phil chama isso de "nomear para estabelecer".

Daisy Martinez apresenta um programa de culinária na PBS e é uma de nossas clientes. Ela foi a primeira mulher do "nomear para estabelecer" do dr. Phil no *Oprah Winfrey Show*, em 1999. Ela enviou sua história para o *site* do programa e desde então tem alcançado mais do que esperava.

Desde criança, Daisy queria ser cozinheira profissional. Cresceu preparando pratos da culinária latina ao lado de sua *abuela*. Deixou suas aspirações de lado para criar os filhos (ela é mãe de quatro) e para ajudar o marido, que estudava medicina. No aniversário de 40 anos de Daisy, seu marido lhe presenteou com uma matrícula no French Culinary Institute, na cidade de Nova York – e com a oportunidade de realizar seu sonho. Ela começou a cozinhar profissionalmente e foi descoberta enquanto trabalhava como assistente de *chef* em outro programa de culinária. Na primavera de 2005, o programa *Daisy Cooks!* foi ao ar pela primeira vez na PBS, e, no outono de 2005, Daisy publicou seu primeiro livro de receitas, que recebeu o mesmo nome. Seu objetivo atual é voltar ao programa de Oprah Winfrey e conseguir cozinhar para ela.

Estabelecer objetivos ajuda a:
- decidir o que é importante;
- separar o relevante do irrelevante;
- motivar para alcançar as metas;
- melhorar o desempenho;
- melhorar a autoconfiança, mantendo os sucessos registrados.

Um bom estabelecimento de objetivos precisa ser específico. Tem de ser mensurável, voltado para a ação, realista e alcançável. Grandes objetivos (escrever um livro) devem ser divididos em metas menores (ter uma idéia, criar um estilo, pesquisar, escrever uma proposta, encontrar um agente) e anotados. Comprometa-se a cumprir essas metas e lembre-se de que você deve se manter no caminho, estabelecendo prazos. Não se esqueça de revisar e reavaliar os objetivos com freqüência.

O estabelecimento de objetivos é tão importante para as empresas quanto para os indivíduos. Sua equipe precisa saber o que está tentando alcançar e como ela se encaixa no quadro geral. Quando trabalhávamos com editoração, tivemos um chefe que dizia: "Não pense como um publicitário. Pense como um editor", o que queria dizer que não deveríamos nos preocupar com colocações, e sim com colocações que atraíssem compradores e resultassem em vendas. O objetivo não era gerar colocação, mas vender livros.

Cuide de seu dinheiro: reais e bom senso

Depois da boa comunicação vem o dinheiro. Podemos dizer que, mesmo que um funcionário trabalhe num ambiente de perfeita comunicação, se outra empresa, com péssima comunicação, oferecer dobrar seu salário para que ele execute o mesmo trabalho, ele pedirá demissão do emprego atual num piscar de olhos. O que é justo? No Brasil, o direito dos empregados é regido pela CLT. A CLT – Consolidação das Leis do Trabalho – estabelece o salário mínimo, padrões de pagamento de hora extra, entre outros direitos dos empregados.

Os trabalhadores cobertos pela CLT têm o direito de receber um salário mínimo que não pode ser menor que 415 reais por mês. O pagamento de horas extras, cujo valor não pode ser menor do que 50% a mais do que a hora normal, tem de ser calculado a partir da oitava hora diária de trabalho. Certas exceções se aplicam a tipos específicos de negócios ou a tipos específicos de trabalho. E é isso, basicamente, o que a lei exige. Entrevistamos pessoas para ocupar o mesmo cargo, com histórico profissional e educacional semelhantes, mas com diferenças de pretensões salariais que chegavam a quarenta mil dólares anuais. Os salários variam de acordo com a empresa, a experiência e o ambiente de trabalho. Uma ótima maneira de analisar o salário pago em determinada área é fazer uma pesquisa em *sites* especializados e pedir um relatório resumido gratuito de comparação de salários. Você deve responder a algumas perguntas sobre a área, o cargo, o título, a localização, o faturamento anual da empresa, e o *site* envia ao seu *e-mail* um relatório com os salários pagos ao cargo escolhido. Em nosso caso, fomos comparadas a todos os outros diretores de relações públicas com formação universitária na cidade de Nova York que trabalham para uma empresa com seis funcionários.

Salários justos são apenas o começo. O dinheiro envolve muito mais coisas do que um pagamento mensal. Plano de saúde, seguro de vida, seguro do carro, pensões e planos de previdência são extremamente importantes para um funcionário e caros para a empresa. Aqui estão algumas maneiras de fazer com que o dinheiro continue sendo um motivador para seus funcionários:

- Certifique-se de que os funcionários compreendam o valor dos benefícios médicos a que têm direito. Nós cobrimos 100% do plano de saúde dos funcionários. Em 2005, um benefício médico, nos Estados Unidos, custava quase cinco mil dólares por ano.
- Não peça que os funcionários cubram despesas profissionais com seus cartões de crédito nem que gastem dinheiro com coisas para a empresa ou para o chefe. Quando trabalhávamos para grandes

empresas, pediam que cobríssemos grandes gastos, como hotéis, eventos, passagens aéreas, aluguel de veículos e refeições, com a promessa de que seríamos reembolsadas posteriormente. Não importava que seríamos reembolsadas, o problema é que não tínhamos dinheiro nem limite de cartão de crédito para tais gastos. As viagens de negócios se tornaram uma humilhação semanal, com nossos chefes tendo de explicar nossos problemas de crédito pessoal para pedir o pagamento antecipado de nossos custos de viagem.

- Os planos de previdência são um benefício, não um direito. Mais uma vez, certifique-se de que seus funcionários compreendem o valor desse compromisso para a empresa.

Dicas: dez maneiras simples e baratas de mostrar gratidão e ganhar boa vontade

1. Treinamento

Enviar os funcionários para treinamentos externos é uma situação em que ambos ganham. Eles se sentem valorizados e aproveitam o dia fora da rotina, e você ganha um funcionário entusiasmado com uma nova habilidade para oferecer à empresa. Sarilee Norton, presidente da Tru-Tech, percebeu uma pessoa altamente motivada em sua equipe de apoio administrativo. Houve algumas mudanças de pessoal no departamento, e essa funcionária havia sido chamada para ajudar. Sarilee quis fazer alguma coisa para compensar os esforços dela. A funcionária havia expressado interesse em Power Point, por isso Sarilee pediu que ela procurasse um curso de um dia na região e se matriculasse. Ela ficou muito animada e, ao voltar, começou a criar apresentações para a equipe de gerenciamento, dando uma contribuição a mais para a empresa.

2. Coloque funcionários que não têm cargo de chefia no comando de projetos simples

Chris Colabella é presidente de uma empresa de serviços de construção chamada CIS. Sua equipe adora se reunir fora da empresa em jogos de beisebol, piqueniques, festas de Natal. Ela detesta ter de organizar os eventos, mas fica feliz quando sua equipe designa alguém para cuidar deles. Ela libera determinado valor e deixa o restante a cargo dos funcionários, que adoram a responsabilidade de planejar os eventos e de contribuir para o aumento do moral na empresa.

3. Lembre-se de aniversários

Adoramos aniversários, mas as comemorações podem se tornar caras. Escolha um estilo, estabeleça um orçamento e faça a mesma coisa para todos. Se tiver pouco dinheiro, um cartão assinado por todos e um buquê de flores é um bom gesto.

4. Faça experiências e pense em recompensas que não são esperadas

Sarilee Norton deve ser a chefe mais recompensadora que conhecemos. Ela está sempre procurando maneiras de gratificar os funcionários que se esforçam. Ela sugere que você pare por um instante e pense no que realmente deixará a pessoa feliz. Ela tinha um gerente administrativo que se esforçava muito. A empresa sempre oferece ingressos para eventos a clientes, que vão acompanhados pelos vendedores. Quando um ingresso extra ficou disponível, ela o deu a seu gerente administrativo. Outra situação em que os dois lados se beneficiaram. Ele se sentiu valorizado, e os clientes tiveram a oportunidade de conhecer a pessoa que tomava todos os cuidados para que o produto comprado fosse entregue em pouco tempo.

5. Elogie um funcionário na frente da equipe toda

É uma coisa simples de fazer, e as pessoas se sentem importantes.

6. Mimos

Todos nós gostamos de mimos. Pense em dar de presente vale-compras, sessões de massagem, ingressos para um jogo de futebol ou outras coisas, como forma de agradecer por um trabalho bem-feito.

7. O lanche da equipe

Procure realizar um evento regado a *pizza* quando um grande objetivo for alcançado. Não é algo caro, e é uma ótima maneira de a equipe relaxar e recarregar as baterias. Se ocorrer na sexta-feira, pode incluir algumas cervejas. Sim, estamos indo contra nossa regra de "nada de bebidas aqui". Se quiser beber uma cerveja, cuide-se para não ficar embriagada.

8. Leve funcionários novos para eventos em que estejam presentes funcionários antigos

Isso é importante para o desenvolvimento da carreira e realmente parece um grande passo. Avise os funcionários sobre o motivo do evento, o que eles devem vestir e o que devem fazer.

9. Etiqueta noturna

Se os funcionários têm de trabalhar até mais tarde, mas não recebem hora extra, é importante reconhecer o esforço que estão fazendo. Certifique-se de que eles tenham transporte seguro e gratuito para voltar para casa. Compre o jantar deles e se certifique de que ninguém fique sozinho ou se sinta inseguro. Cuide para que os funcionários sejam acompanhados até seus veículos se o estacionamento for escuro. Uma boa maneira de agir: nunca exponha um funcionário a uma situação à qual não quer que seu filho ou cônjuge seja exposto.

10. Reconhecimento dentro da empresa

Se houver uma ferramenta de comunicação dentro da empresa, certifique-se de que os sucessos da equipe sejam registrados. Fale sobre os objetivos alcançados e dê nome aos bois.

Conversa de mulher
SHAR MCBEE, PALESTRANTE MOTIVACIONAL E AUTORA DO LIVRO *TO LEAD IS TO SERVE*

Shar McBee não havia recebido nenhum treinamento administrativo quando, de repente, passou a ser responsável por um quadro de quinhentas pessoas. Uma sábia mentora lhe ensinou um segredo: pense no que você pode dar, não no que pode receber. Ela tentou. Surpreendentemente, deu certo. Desde então, Shar tem ensinado o segredo a milhares de pessoas. Nos anos 80, ela passou a buscar um sentido mais profundo. Durante dez anos, viajou pelo mundo, trabalhando com organizações de ajuda humanitária em dezenas de países. Hoje, Shar McBee é presidente da SMB Publishing, Inc. Sua missão é transformar novos gerentes em líderes felizes. Atualmente, está escrevendo seu segundo livro da série *Joy of Leadership*. Com um forte grupo de pessoas a seu lado, nada pode atrapalhá-la. Shar conta seu "segredo" para motivar pessoas.

Conte-nos um pouco sobre sua filosofia e como você a criou.
Fui colocada no comando de um evento especial muito grande. Eu era responsável por quinhentas pessoas. Criei um plano específico de como eu queria executar a tarefa e conversei com minha equipe sobre ele. Pensei que eu tivesse preparado meu pessoal para tudo, mas não me preparei para o fato de o evento ficar lotado. Milhares de pessoas apareceram, e não tínhamos onde colocá-las. Meu exército de recepcionistas estava atrapalhado. Eles não estavam acomodando as pessoas conforme eu instruíra. Não estavam sendo educados com os convidados, mas tratando-os como gado. Comecei a fazer críticas e a tentar colocar as coisas nos eixos. Fiquei frustrada e nervosa. Fui até minha mentora, que me havia designado a tarefa, contei o que estava acontecendo e pedi orientações. Ela me perguntou se eu havia fornecido o almoço dos recepcionistas. Fiquei chocada. Obviamente eu não havia pensado nisso. Só conseguia pensar no que eu precisava, nos preparativos, nos planos e na confusão. Quando virei a situação e comecei a pensar no que meus funcionários precisavam para trabalhar, tudo mudou. Comecei a lhes dar apoio e incentivo e fiquei surpresa. Tudo entrou nos trilhos, e eles começaram a trabalhar juntos como havíamos planejado. Eu ensino as pessoas a ficarem do lado do "dar", e não do lado do "receber". Meu método alegre de liderança se baseia na idéia de que, se você quer ser feliz, deve ser generosa.

Parece ótimo, mas como podemos ir para o lado do "dar"?
Em primeiro lugar, pare de pensar em como fazer para que uma pessoa realize o que você quer. Pense sempre no que você pode oferecer para que seus funcionários obtenham êxito. É a coisa mais natural do mundo. Observe a natureza. A natureza apenas dá e não recebe. Pense em abacates. Se você der um caroço de abacate para a terra, receberá de volta muitos abacates. Reconheço que isso é difícil. Quando estamos assustadas ou sob grande pressão, automaticamente nos retraímos. Aqui vai outro exemplo. Se você estiver presa em um congestionamento, pare de pensar: "Como posso sair daqui?" Pense: "O que posso dar aqui?" Talvez você só tenha de dar sua paciência. Talvez possa acalmar outras pessoas. Talvez possa andar um pouquinho de cada vez até que o trânsito seja logo liberado. Lembre-se de que tudo que as pessoas querem é fazer um bom trabalho.

Por onde você começa?
A beleza nisso tudo é que você pode começar agora mesmo. Não custa tempo nem dinheiro. Tem de começar com você. A maioria das pessoas quer que o outro comece a dar. Então, em primeiro lugar, converse com sua equipe. Fale sobre sua nova filosofia e sobre sua experiência com ela. Até mesmo pessoas completamente descrentes acabam cedendo. O engraçado na ação de dar é que você se sente energizada, e não esgotada. Você se sente bem quando faz algo por alguém. Quando você conversar com seus funcionários sobre esse assunto, eles também se sentirão motivados.

Qual é o benefício de dar?
Lembre-se, o principal motivo para o funcionário abandonar o emprego não é o trabalho, mas os sentimentos feridos. Se você quiser manter seu quadro de colaboradores feliz, vai ter de focar no que eles precisam para ter sucesso e, assim, oferecer as ferramentas necessárias. A chefe precisa ser criativa o bastante para analisar se um projeto ou uma tarefa é ideal para o funcionário. Lembre-se, delegar não é jogar. Delegar envolve dar às pessoas projetos que combinem com seus talentos e observá-las obter êxito.

Você afirma que sua filosofia também se aplica ao gerenciamento do tempo. Como?

Quando as pessoas vão mal nessa área, é porque começam a se concentrar no trabalho, e não nas pessoas. Nunca se esqueça de que sua prioridade número um é seu pessoal. É muito fácil esquecer isso. As chefes de maior sucesso sabem como incentivar os funcionários para que eles trabalhem bem. Muitas gerentes cometem o erro de pensar que o trabalho é o mais importante, mas, na verdade, o mais importante é o quadro de funcionários. Lembro de quando eu ia ao restaurante de uma grande rede, e eles tinham um chefe que sempre estava completamente estressado. Ele sempre corria de um lado para o outro como um maluco, atendendo clientes, escrevendo notas, direcionando funcionários. Ele era nervoso, e seu pessoal mostrava os efeitos. Certa vez, fui até lá e uma nova gerente estava no comando. Ela se sentava a uma mesa no canto do restaurante e parecia extremamente relaxada. Eu queria saber como ela conseguia agir daquela maneira, principalmente ao compará-la ao outro gerente, sempre tão agitado. Então me sentei ao lado dela e perguntei. Ela respondeu: "É simples. Meu trabalho é apoiar a equipe. Descubro o que eles precisam e dou as ferramentas necessárias. Não me importo com a mesa que precisa ser limpa. Eu me concentro nas pessoas". Ela tinha mais tempo porque seu pessoal trabalhava com sucesso.

6

Delegação não é um palavrão

EMPREGANDO SEUS EMPREGADOS

Para alguns chefes, um dos aspectos mais desconfortáveis da posição é dizer aos outros o que devem fazer. O desconforto não é completamente incompreensível. Há uma sutil diferença entre delegar o máximo possível e simplesmente despejar sua carga de trabalho nas costas das pessoas que a cercam apenas porque você pode fazer isso. Mas é um problema que todas as chefes devem superar. Você recebeu o título de A Mulher que Manda e agora precisa tomar as rédeas e delegar com responsabilidade e respeito por você e por seus funcionários.

Na maioria das vezes, com certeza, seria melhor e mais rápido se você fizesse tudo sozinha, mas tal atitude não permite que seus empregados cresçam e não dá espaço para você abrir as asas e desenvolver suas próprias habilidades de administrar e liderar. Faça um planejamento e delegue tarefas de modo sensato, para que todos saiam ganhando.

Supere esse medo:
como não temer seus funcionários

Um grande percentual de líderes tem medo de seus funcionários. Você já teve uma chefe que nunca estava livre quando você precisava dela? Que pegava o telefone assim que você entrava na sala? Que faltava às reuniões com os funcionários ou deixava que outras pessoas as realizassem? Você é esse tipo de chefe?

A ansiedade na hora de enfrentar os funcionários parece ser algo muito comum entre as mulheres – e muitas tentam compensar isso se tornando as chefes megeras que todas nós encontramos em nosso caminho, subindo a escada corporativa. Não é justo, mas as mulheres são julgadas de forma mais dura do que seus colegas do sexo masculino. Somos ensinadas a nos acomodar, a não confrontar, e, quando nos tornamos chefes, tudo pode parecer um confronto. As mulheres costumam se sentir constrangidas quando delegam tarefas, ou desconfortáveis quando precisam repreender um funcionário. É difícil, para muitas de nós, nos sentirmos à vontade com o mantra entoado pelos profissionais do sexo masculino segundo o qual "negócios são negócios".

O resultado é que geralmente assumimos coisas demais para fazer, para não termos de pedir a outra pessoa que as faça, aceitamos trabalho medíocre, permitimos que outras pessoas nos passem para trás, ou passamos dos limites e imitamos o estilo masculino de gerenciamento, que costuma ser ditatorial. Esse medo do confronto pode dificultar a sensação de conforto com a autoridade, fundamental para obtermos um bom trabalho de nossos funcionários e para administrarmos com eficiência a delegação diária de que precisamos para realizar nosso trabalho. Por isso, qualquer que seja a maneira de analisar a situação, se você quer ser uma boa chefe (e manter seu emprego), tem de superar o medo que sente de seus funcionários.

Aqui estão algumas coisas que você deve lembrar antes de encarar seus funcionários:

- Você foi contratada por um motivo.
- Suas habilidades são diferentes das habilidades das outras pessoas, mas, obviamente (já que você conquistou o emprego), são mais apropriadas para sua posição.
- Seu chefe confia em você, por isso faça por merecer.

- A longo prazo, você não faz um favor a seus funcionários aceitando o trabalho medíocre deles.
- Você tem habilidades e experiências que são valiosas e devem ser divididas com seus funcionários.
- Os empregados também precisam provar que são bons para você.
- Você ama essa profissão e quer compartilhar seu entusiasmo com a equipe.

Nada de despejar trabalho: como delegar com respeito

Delegar é passar tarefas, projetos e responsabilidades com consciência e com a compreensão de que você está ali para oferecer apoio ao longo do dia. *Despejar* trabalho significa passar coisas que devem ser feitas sem dar explicações nem orientação. Delegar sem respeitar tornará você, em pouco tempo, uma megera. E, como mulheres, infelizmente temos de encontrar uma maneira de delegar sem ofender. Não passe adiante tarefas que você não faria ou que não tenha feito – divas e madames não têm vez na administração. Se possível, saiba como se faz o que estiver delegando, mesmo as coisas mais simples e rotineiras, como usar a copiadora e telefonar para mensageiros. "Quando passo tarefas a meus funcionários, procuro ver a força do indivíduo. Depois, passo um projeto ou uma parte do projeto para que ele tome conta. Isso faz com que ele invista no trabalho e se organize", é o que diz Susan Goldbetter, diretora executiva da Circuit Productions, Inc.

Tentar colocar a tarefa em um contexto mais amplo para seus funcionários é uma oportunidade de aprendizado. Por exemplo, ao dizer a sua assistente que ela precisa preencher mil envelopes para um evento com clientes, reserve dois minutos para contar a ela sobre os objetivos desse evento e para explicar por que sua equipe é o melhor grupo para atingir esses objetivos. Encare todas as tarefas com respeito. Sim, encher caixas e despachá-las é simples e chato, mas, se você não pedir desculpas ao passar essa tarefa, seu funcionário não vai se sentir envergonhado ao realizá-la. Sempre que possível, explique ao empregado como aquela tarefa se encaixa no desenvolvimento profissional dele. Quando for necessário fazer um inventário para as vendas nas épocas de festas de fim de ano, apresente a tarefa a sua equipe como uma maneira de conhecerem as mercadorias antes do período de grande demanda e diga à funcionária que vai preencher os envelopes que essa é uma boa maneira de ela se familiarizar com o nome dos principais clientes. O que sabemos e precisamos compartilhar é o fato de que *a estrada do conhecimento é a prática*, e que quem é novo no negócio precisa começar a executar as tarefas básicas.

Certifique-se de que seu pessoal tenha as ferramentas de que precisa para realizar um trabalho. Seja clara nas orientações. Por exemplo, se você pedir a alguém que se apresente em uma conferência, passe a essa pessoa todos os detalhes importantes, incluindo assunto, duração da apresentação e necessidades audiovisuais. Esteja à disposição para responder a perguntas e ajudar na solução de problemas. Se for apropriado para o trabalho, designe outro membro da equipe para ajudar essa pessoa. Seja específica a respeito do que espera obter, incluindo datas e, mais importante, o modo como você vai definir o sucesso.

Não há detalhe minucioso demais na hora de delegar. Se você estiver instruindo seu assistente para marcar um almoço de negócios com um cliente em potencial, diga qual é o local, o horário e até quando precisa da confirmação.

Tamara Lawson, CFO da InnVest Real Estate Investment Trust, explica que "as únicas situações em que eu não delegaria seria se a tarefa fosse muito urgente e importante e eu conseguisse realizá-la mais rapidamente, ou se só eu soubesse fazer o que estivesse pedindo. A última situação é cada vez mas rara, pois sempre estou procurando oportunidades de dar às pessoas que gerencio a chance de desenvolver novas habilidades".

Trabalhando juntos: tudo depende da equipe

Ao delegar tarefas a um grupo, o trabalho geralmente é mais complexo e tem maior probabilidade de envolver diversos funcionários com maior ou menor tempo de experiência dentro da empresa. Suas chances de conseguir que um projeto seja bem-feito aumentam muito se você seguir estes passos:

- Estabeleça objetivos para a equipe.
- Passe responsabilidades e prazos para os membros mais antigos.
- Reúna-se com os membros mais antigos individualmente para dividir em etapas as responsabilidades.
- Marque reuniões de avaliação de progresso com a equipe.
- Esteja à disposição para responder perguntas e ajudar.
- Tome a iniciativa de checar com os principais membros como as coisas estão indo. Não espere até o último segundo, para não correr o risco de ter uma surpresa catastrófica.

Ao delegar responsabilidades, não espere que todos contribuam igualmente – trate-os e valorize-os como pessoas. Evite conflitos e tensões dentro do grupo, defina com clareza os relatórios de informações e as responsabilidades individuais. E, seja lá qual for seu sentimento a respeito de um projeto, sempre demonstre entusiasmo e energia. Como você é a líder, é em você que o grupo busca apoio emocional. Se você se mostrar entusiasmada, eles também ficarão. Se demonstrar ressentimento ou ansiedade, não se surpreenda se o projeto se tornar contencioso ou se for realizado sem muita vontade.

Seja gentil: por que o reforço positivo funciona melhor que a punição

Medo e intimidação não formam uma equipe eficiente e motivada. A curto prazo você pode receber a atenção que quer de seus funcionários, mas a longo prazo eles vão começar a pensar em como conseguir um novo emprego ou como sabotar você. Além disso, usar o medo como maneira de administrar é bastante ruim, um atalho para algo que parece respeito, mas que é outra coisa completamente diferente. É preciso mais tempo, concentração e comprometimento para gerenciar sem raiva e/ou negativismo, mas você conseguirá fazer com que seu pessoal trabalhe mais e melhor. Se você tomar o cuidado de fazer críticas em particular, os funcionários se sentirão à vontade para contar as próprias idéias em uma reunião aberta, para aprender novas habilidades e para se oferecer a assumir projetos mais complexos. Se você perceber quando alguém se esforça e o elogiar em público, logo terá uma equipe disposta a trabalhar até tarde para concluir um projeto. Se compensar os funcionários que ajudam uns aos outros, liderará um grupo unido. Se você se sentir entusiasmada e otimista com seu trabalho, a empresa e os funcionários se sentirão da mesma forma. Tal reforço e apoio motivarão seus funcionários de um modo que o medo e a intimidação não conseguem motivar.

Seis razões pelas quais você deve, precisa e inevitavelmente vai delegar:
1. O fato de que você simplesmente não pode fazer tudo. Mesmo se quiser.
2. Você não é a melhor em tudo. Uma boa equipe deve oferecer experiências e habilidades diversas, que completam as que você tem.
3. Você não vai conseguir assumir mais coisas, a menos que passe a delegar.
4. Se não delegar, vai limitar o próprio crescimento e avanço profissional.
5. Sem delegar, você não estará honrando o acordo não expresso de que ensinará seus funcionários e os ajudará a crescer.
6. Não é bom para o resultado final se alguém com suas habilidades e seu salário tiver de passar o tempo telefonando para confirmar compromissos e enviando pacotes.

Realizando uma reunião: todos na mesma sintonia

Reuniões em excesso são uma perda de tempo para todos. Se for mal estruturada ou definida, uma reunião é uma oportunidade perdida de colocar todo mundo na mesma sintonia. Isso acontece bastante com reuniões de equipe, quando você tem a atenção de todo o seu pessoal. Aqui estão algumas dicas para ajudá-la a tirar o máximo proveito de uma reunião.

Seja pontual

Nada é mais grosseiro do que marcar uma reunião e chegar tarde. Todas nós já tivemos aquela chefe que chega quinze muitos depois do início marcado e despeja tudo que precisa dizer em uma platéia preocupada com o horário. Além de ser grosseiro, se você deixa seu pessoal esperando, está perdendo horas de trabalho de seus funcionários que poderiam ser produtivas. Isso também acontece com funcionários que sempre se atrasam. Todas as pessoas com as quais conversamos dizem a mesma coisa sobre esse problema: "Comece sem o funcionário". Entrar em uma reunião que já está em andamento provavelmente será humilhante demais para o funcionário, de modo que ele tomará cuidado para que isso nunca mais ocorra.

Tenha um planejamento

As reuniões que se tornam um exercício de memória são uma perda de tempo para todos. É melhor especificar os tópicos e os objetivos antes de marcá-la. Se você terá uma reunião com os funcionários em breve, faça um planejamento alguns dias antes e o envie a eles para que se preparem. Se você marcar uma reunião individual, escreva num papel os tópicos a serem discutidos para sua própria referência. Ter um planejamento é ainda mais importante quando você está tendo uma conversa delicada com alguém de sua equipe. Em situações desconfortáveis, é possível que a conversa saia do rumo que deveria seguir, e você pode se pegar falando do fim de semana, em vez do problema dos atrasos de seu funcionário. Se você for se encontrar com um cliente, faça o planejamento no escritório e o reveja antes da reunião. Planejar o que você dirá em reuniões longas e pequenas faz com que tenha controle das discussões e a ajuda a atingir o objetivo proposto.

Tome notas

Ao estudar um projeto ou metas em que haja deveres incluídos, é bom que todos tenham tudo anotado. Designe uma pessoa para fazer anotações durante a reunião e passe *e-mails* para todos imediatamente após o encontro. Certifique-se de revisar as anotações antes de passá-las adiante, para ter certeza de que incluem tudo que é necessário.

Os mais antigos na frente

Se você vai ter uma reunião de departamento, realize uma pré-reunião com os membros mais antigos da equipe para indicar os tópicos da discussão. Se houver assuntos delicados para tratar, você deve preparar os funcionários mais antigos para que saibam o que fazer em seus relatórios depois da reunião. Caitlin trabalhava para uma editora que estava se fundindo a outra. Ela e seus colegas foram chamados para uma reunião com a empresa toda e souberam da notícia. Como as notícias foram dadas de modo delicado e respeitoso, e como, imediatamente depois da reunião, os gerentes tiveram conversas individuais com seus subordinados, foi uma transição tranqüila. Estava óbvio que os funcionários mais antigos haviam sido preparados, o que tornou as coisas mais fáceis para todos.

Colocando um ponto final na questão

Existem pessoas que adoram o som da própria voz. Por falarem o tempo todo, conseguem atrapalhar até mesmo a mais bem organizada das reuniões. Já que acabou o tempo de levantar os braços para poder falar, os membros da equipe mais agressivos e que falam mais alto costumam monopolizar as reuniões, e tal situação pode ser desafiadora e impedir que as mulheres sejam ouvidas. Mas, como chefe, você precisa falar sobre o planejamento e controlar o diálogo. Deixe claro aos participantes quando você quer que eles dêem opiniões próprias e quando você não quer, limitando o número de vezes que pede a participação deles. Se alguém a interromper, olhe nos olhos dele e diga: "Só um minuto, ainda não concluí". Então, quando terminar de falar, olhe novamente para o funcionário e lhe dê permissão para contribuir para a reunião, dizendo algo do tipo: "Você tinha alguma coisa para acrescentar?" É preciso manter o controle da discussão.

Recursos visuais

Use recursos visuais apenas quando necessário. Por quê? Eles tornam as reuniões mais lentas, distraem os participantes e tiram a atenção de você. Apesar de, emocionalmente falando, ser reconfortante ter uma apresentação de Power Point entre você e as pessoas a sua frente, nem sempre essa é a melhor maneira de transmitir a mensagem.

Planejar o tempo é tudo

Todas nós já passamos pela experiência de entrar em uma reunião que deveria durar uma hora, mas que se estendeu por duas. Na maioria das vezes, reuniões longas são ineficazes. Por natureza, não temos a atenção necessária para nos concentrar em algo por tanto tempo, principalmente se for uma coisa que não escolhemos fazer. Para as reuniões, procure manter o tempo máximo de uma hora, principalmente se for preciso fazer uma sessão de *brainstorming*, já que a criatividade sempre acaba quando as pessoas ficam cansadas. Faça intervalos, se a reunião tiver de durar mais de duas horas. Evite marcar reuniões para depois do almoço, quando as pessoas geralmente se sentem mais preguiçosas. E, se você deseja ter a atenção total dos participantes, não realize a reunião perto do fim do dia, quando os funcionários estarão pensando na volta para casa ou na creche onde devem buscar os filhos.

Oportunidades

Há oportunidades de crescimento profissional em reuniões de equipe. Você pode usar a reunião semanal como uma chance para seus funcionários com menos tempo de casa praticarem a arte de falar em público. Trabalhamos para uma chefe que pedia para os funcionários novos apresentarem alguma coisa na reunião de segunda-feira de manhã. Você pode pedir que os funcionários mais antigos façam palestras sobre a área de especialidade deles. Por exemplo, se você gerencia uma loja de roupas, pode pedir que o comprador apresente as novas tendências para a equipe de vendas.

Tenha um motivo

Sempre deve haver motivo para uma reunião. Se você quer que seus funcionários se envolvam na discussão, os tópicos abordados devem ser específicos e bem colocados.

Seja a rainha

Para muitas mulheres acostumadas a se retrair em situações públicas, liderar reuniões pode ser assustador. Até hoje, depois de muitos anos administrando nosso negócio e outros tantos anos de experiência em gerenciamento, ainda é um pouco intimidador enfrentar uma mesa repleta de pessoas. Você estará sobre um palco nessas reuniões, mesmo que fique sentada. Mas precisa assumir o papel, sentando-se à cabeceira da mesa e projetando confiança, mesmo que esteja insegura. Além disso, tem de controlar tudo com autoridade. Seja lá o que você fizer, não permita que seu pessoal a interrompa. Nunca. Isso mostra fraqueza. E continue lembrando a si mesma que é você quem comanda a reunião.

Alcance as estrelas: estabelecendo objetivos para seus subordinados

O que a mantém motivada como funcionária? É a perspectiva de ser promovida? É o próximo grande cliente? É a conquista pessoal de vencer desafios, como falar em público? Ou você simplesmente não vai ficar satisfeita enquanto não tiver um escritório próprio ou se tornar sócia da empresa? Independentemente do motivo, existe *alguma coisa* que a mantém na ativa. E, já que você foi promovida a chefe, seu empregador precisa daquilo que a mantém trabalhando ativamente, olhando para a frente e contribuindo para os objetivos da empresa. Como gerente, você é responsável por usar a equipe para atingir os objetivos da empresa. A maneira mais eficaz de fazer isso é estabelecer objetivos para seus funcionários, para que eles tenham a visão da empresa e, ao mesmo tempo, satisfaçam as próprias necessidades e tenham a visão da própria carreira.

Existem objetivos a curto e a longo prazo para seus funcionários. Os objetivos a curto prazo podem incluir coisas como vender mais camisetas azuis, escrever o rascunho do anúncio para uma data comemorativa, assar cem biscoitos para um evento, fazer os pedidos de algum produto. Os objetivos a longo prazo costumam ser aqueles que unem a visão da empresa e a do empregado, como aumentar as vendas das camisetas azuis em 20% no verão, criar idéias para as campanhas de divulgação em datas comemorativas, criar novos itens para o cardápio de um *buffet* e desenvolver um sistema de pedidos e de envio mais eficiente.

O modo mais eficaz de estabelecer objetivos eficientes para seu pessoal é não estabelecê-los em excesso. Os objetivos precisam ser alcançáveis, ou você corre o risco de diminuir a autoconfiança dos funcionários. O objetivo e as habilidades da pessoa para quem você os estabelece devem estar em sintonia. Coloque sempre o objetivo no contexto da visão da empresa: ela está expandindo a linha de roupas casuais, por isso o aumento na venda de camisetas é o primeiro passo; o serviço de *buffet* é contratado várias vezes pelo mesmo cliente, por isso é essencial ter uma grande diversidade de itens no cardápio para evitar que os clientes assíduos fiquem enjoados dos mesmos pratos; a empresa ganhará 10% de desconto no valor dos anúncios no jornal da região se enviar o texto rapidamente, por isso escrevê-lo com antecedência economizará dinheiro. O mais importante é você mostrar entusiasmo e comprometimento com o objetivo, por isso deve apresentar esse objetivo como uma parte relevante do desenvolvimento profissional de seu subordinado.

Bruxa boa ou bruxa má?

SEU MAIOR FÃ
Aqui está a história de nossa amiga Paige Perkins:

Abandonei minha carreira quando tive meu filho, Evan, mas, depois de três anos e meio, eu estava pronta para voltar à ativa. Na época, estava interessada em fazer algo pela educação, mas não tinha certeza de como começar. Ellen, a dona de uma escola em Massachusetts, queria que eu trabalhasse lá. Ela foi bastante insistente, então, em parte por causa de sua reputação e da crença que tinha em minha capacidade, concordei em trabalhar para ela. Após um ano na sala de aula, e com mais treinamento, me tornei a diretora dessa escola pequena, mas que crescia rapidamente. Ellen foi simplesmente a melhor chefe que já tive. Além de ser uma líder, ela se tornou uma mentora para mim.

Por que você acha que ela foi uma bruxa boa?
Nunca conheci alguém que acreditasse tanto em minha capacidade quanto ela. Ela acreditava muito (e expressava essa crença sem ser exagerada ou falsa) em minha habilidade de realizar o trabalho, e me dizia isso. Para mim, aquilo era muito motivador e fez com que eu me dispusesse a enfrentar e fazer coisas difíceis. Além disso, ela era inteligente e sabia o que estava fazendo na maior parte do tempo, por isso percebi que eu poderia contar com sua opinião sempre que precisasse. Ela era muito clara a respeito de sua filosofia de educação, mas não a impunha a outras pessoas. Nos momentos complicados, ela sempre defendia suas crenças, porém, quando eu discordava de seu ponto de vista, tinha a paciência de me explicar sua visão, para que eu compreendesse seu modo de pensar. Como ela tinha de pensar em tudo na escola (finanças, instalações, contratação, qualidade de ensino etc.), enquanto eu cuidava apenas de uma

parte (a qualidade do ensino), eu quase sempre conseguia compreender seu modo de pensar quando ela o explicava. Apesar de termos tido grandes discussões a respeito de alguns aspectos do gerenciamento da escola, ela nunca me ignorava, sob hipótese alguma. Sempre tentava me ajudar a entender uma situação e não me forçava a fazer o que ela queria. Ellen costumava contratar pessoas que tivessem um ponto de vista parecido com o dela a respeito de crianças e educação. Ela era capaz de, por meio de bons propósitos, formar um grupo de pessoas amáveis e alegres e se comunicava com todos nós pelo menos uma vez a cada dois dias. Todas as pessoas eram importantes para Ellen, e ela sempre deixava isso bem claro. Ao mesmo tempo, mantinha bons padrões de clareza, organização, profissionalismo etc. Em primeiro lugar, ela pensava na sobrevivência da escola, sem a qual ninguém do grupo teria coisa alguma. Depois disso, vinham todos os detalhes. Ela delegava responsabilidade, e acredito que essa é uma das principais características de um bom chefe. Era isso que me fazia adorar trabalhar para ela. Meu emprego era meu, não dela. Eu dava as ordens. Quando eu ficava sem saber o que fazer em uma situação, ela me ajudava. Nunca me forçava a fazer nada. Ellen estava sempre disposta a, de maneira bem discreta, ensinar as pessoas abaixo dela, para que ficassem cada vez melhores no que faziam. Assim, ao mesmo tempo, ela podia delegar cada vez mais tarefas. Isso era, em minha opinião, uma de suas melhores qualidades como chefe, e um dos maiores segredos para seu sucesso.

O que você aprendeu com ela?
Aprendi que:
- Minha intuição é boa, e, se eu mantiver a calma, posso fazer com que um grupo de pessoas conquiste coisas ótimas.
- A solvência é essencial para a sobrevivência de uma empresa, e esse é um ponto sobre o qual um executivo sempre tem de pensar.
- A boa liderança não é necessariamente exibida, mas deve ser exata, cuidadosa e direta a respeito do que realmente importa.
- Sempre há algo que podemos fazer, independentemente da situação. Só precisamos nos manter focadas, entender o que precisa ser feito e

seguir em frente. Quando terminar, você já vai saber o que fazer com o próximo problema, e assim por diante.

Bruxa boa. Ellen não demonstrou nenhum dos comportamentos ruins apresentados no capítulo 4. Ela era confiante, liderava dando o exemplo, não era meticulosa, respeitava a equipe igualmente, estabelecia objetivos possíveis e expectativas razoáveis, tratava seus funcionários de modo profissional e acreditava na capacidade deles. Mas, mais do que isso, Ellen se tornou algo que apenas uma chefe em um milhão consegue se tornar: uma mentora. Paige, mais de vinte anos depois, atribui grande parte de seu sucesso como líder ao que aprendeu trabalhando para Ellen na escola. Essa é uma bruxa boa.

Superior direto e indireto

Se você está na nada invejável posição de ter um funcionário tratando mal o superior, você não está sozinha. A dra. Dorri Jacobs aconselha: "Pela experiência que tenho, não é uma boa idéia interferir, a menos que você receba de seu superior direto o pedido de ajudar, ou quando percebe que existe um problema maior. Caso contrário, os envolvidos na situação passam a achar que a chefe não tem autoridade". Existe uma linha muito tênue entre não interferir por estar respeitando limites profissionais e por estar fugindo do problema. Se o superior direto estiver sendo temperamental e até abusivo, você precisa interferir a favor dos funcionários e da empresa. Como chefe, sua função é treinar os funcionários, e talvez o superior precise desenvolver habilidades de administração.

Sempre que possível, não interfira nos problemas de dois funcionários. Ilene Rosen, mediadora que trabalha em Manhattan, sugere a seguinte estratégia: "Em primeiro lugar, discuta o problema com o superior, explique o motivo de sua preocupação, pergunte o que está havendo, qual é a melhor solução e se ele precisa de ajuda. Estabeleça um prazo, se possível, para que a questão seja resolvida. Volte a conversar com ele no fim do prazo e analise o progresso feito. Apóie o superior a tomar a responsabilidade para si".

Tome cuidado com seu ego aqui. Pode ser interessante fazer o papel de moça boazinha nessas situações, mas, ao entrar em cena como heroína, você está gerando mais trabalho para si mesma. Ao diminuir a autoridade do superior, está abrindo um precedente para que os funcionários a procurem com perguntas, problemas e dúvidas. Tomar conta dos funcionários de outra pessoa está longe de ser sua função. Você está numa posição de poder, por isso passe a responsabilidade para as pessoas que se reportam diretamente a você, mas não tente resolver tudo sozinha.

Nada de bate-papo: um guia para tirar o máximo proveito do tempo passado com os funcionários

A menos que você seja uma pessoa desagradável ou detestada – e duvidamos que seja –, são grandes as possibilidades de que seus funcionários queiram conversar com você. E eles vão querer conversar muito, quanto mais puderem e por uma grande variedade de motivos. Talvez eles sintam que precisam se aproximar, estejam querendo agradá-la, se sintam solitários, queiram desabafar ou apenas sejam altamente sociáveis. Independentemente do motivo, você não tem muito tempo de sobra para conversas dispensáveis. Mesmo que você esteja cheia de trabalho, deixar a porta fechada não é uma opção, porque você não deve manter a equipe afastada. Os funcionários devem se sentir à vontade para levar até você questões da empresa, e se manter distante não incentiva esse tipo de atitude.

Às vezes há mais coisas por trás das conversas informais. Existem pessoas que não se sentem à vontade com discussões cara a cara e ficam dando voltas, em vez de ir diretamente à questão. Qual é a solução? Reserve alguns minutos para dar atenção completa ao que as pessoas estão dizendo. Enquanto elas falam, não abra os *e-mails*, não atenda ao telefone, não escreva na agenda. Pense que aquele momento é só do funcionário. Se ele precisava apenas desabafar, você o escutou. Se ele só queria se aproximar, você permitiu. E se houver algo mais acontecendo, você descobrirá. Quando acabar o tempo reservado ao funcionário, termine a conversa de modo agradável, tentando não parecer rude, ou você pode destruir os sentimentos criados.

Conversa de mulher
DIANE BATES, EMPREENDEDORA

Diane Bates co-fundou a Blue Sky Communications sete anos atrás. Como presidente dessa movimentada empresa de relações públicas, ela tem a oportunidade de gerenciar funcionários de todos os níveis. Com uma invejável taxa de rotatividade de pessoal de 0%, Diane é, claramente, uma líder excelente. Nesta "Conversa de mulher", ela conta o segredo de seu sucesso.

O que você obtém gerenciando de modo pessoal e profissional?

O gerenciamento é a parte que mais gosto de meu trabalho – principalmente por eu ser proprietária de um negócio e possuir vinte anos de experiência em minha área. Além disso, já fui gerenciada por indivíduos que eram muito bons em seus trabalhos, mas ruins como gerentes, e também já fui direcionada por ótimos gerentes, então passei bastante tempo pensando nas diferenças entre os dois. Especificamente, eu pensava no que eles faziam ou não faziam para me motivar, ensinar, inspirar e ajudar, para que me sentisse animada com meu trabalho. A administração, por si só, é um estudo fascinante do comportamento humano e, simplesmente por contar com uma base de princípios – respeito, honestidade, comunicação, clareza de direção, capacidade de reconhecer forças e fraquezas inerentes em diferentes personalidades etc. –, pode ser divertido e fácil preparar as pessoas para o sucesso na carreira.

Como você se tornou uma líder?

No início, trabalhamos principalmente numa função tática, e só então como líderes, por isso, no começo, eu estava mais preocupada com meu rendimento no trabalho e com as tarefas a realizar. Mas o que eu não sabia na época era que minhas habilidades de gerenciamento estavam sendo cultivadas por aqueles que eram meus gerentes. Apenas analisando o passado, vejo que tanto as experiências boas quanto as ruins me foram úteis. Por exemplo, uma ex-chefe sempre me pedia para cuidar de seu cão (levá-lo para passear, dar-lhe comida, paparicá-lo etc.) – ela o levava para o trabalho todos os dias. Foi divertido no começo, mas com o tempo meu respeito por mim mesma no trabalho ficou abalado. Na verdade, sempre que me pediam para realizar qualquer "tarefa pessoal" para um chefe, eu respondia com um sorriso, mas sabia que aquilo estava errado e que demonstrava total desrespeito por mim como ser humano. Certamente essa prática é comum na cadeia alimentar das empresas dos Estados Unidos, mas é algo que eu nunca faria com meus funcionários. Ninguém em meu escritório realiza tarefas pessoais para mim. Eu sentiria vergonha de fazer um pedido desses! Um exemplo de como o bom gerenciamento me influenciou foi a convivência que tive com uma fabulosa supervisora, que era ótima para conceder a glória do sucesso à equipe. Ela era a primeira a atribuir nossos sucessos coletivos ou os trabalhos bem-feitos à sua "ótima equipe" e nunca tomava os méritos para si – isso era muito motivador para mim, e, como resultado, nunca tomo os méritos de meus funcionários para mim. Na verdade, não me importo com isso, mas gosto de ver meu pessoal motivado, pois significa que eles farão um bom trabalho, a taxa de rotatividade será baixa, os clientes serão mantidos, e tudo o mais que resulta de funcionários satisfeitos. Isso faz muito mais diferença para mim e para os negócios do que qualquer tapinha nas costas. Sei que os méritos são muito mais importantes para os funcionários, por isso, no que depende de mim, eles podem levar toda a glória, o que faz com que minha agência e eu sejamos muito bem-vistas. É por isso que é importante os gerentes terem consciência do impacto que o estilo de trabalho deles causa nos funcionários mais jovens, conforme estes sobem os degraus da escada corporativa. Eu me tornei uma líder após anos de experiência e tendo gerentes ruins. Também aprendi com o tempo que uma pessoa deve sempre considerar os melhores e os piores resultados de uma situação e tentar torná-la positiva. Isso às vezes significa que seus funcionários não "vêem", compreendem ou apóiam algumas de suas decisões, mas, nos negócios, você deve sempre proteger a empresa em primeiro lugar – caso contrário, *não haverá* gerentes nem funcionários.

DICAS PARA SER UMA CHEFE BOA E EFICIENTE:
- Acompanhe o trabalho. Uma boa chefe não espera, e sim inspeciona.
- Proteja-se sempre, considerando os melhores e os piores resultados de uma situação e tentando transformá-la em algo positivo.
- Todos somos iguais na raça humana, por isso as pessoas – independentemente da posição e do trabalho – merecem e precisam ser ouvidas, sentir que são respeitadas e ter seus talentos e dons celebrados.
- Conheça seus funcionários. Em minha agência, avaliamos o desempenho dos funcionários com base em seus talentos, e não num padrão geral definido pela empresa.
- Perceba sua influência. Muitos gerentes não percebem o impacto que seu estilo de gerenciamento tem nos funcionários mais novos, conforme estes crescem profissionalmente.
- Conte com uma base de princípios, como respeito, honestidade, comunicação e clareza de direção, e confie em sua capacidade de reconhecer forças e fraquezas em diferentes personalidades.

7

Brincando de deusa

AVALIAÇÕES, PROMOÇÕES E DEMISSÕES

Você se lembra de todas as avaliações pelas quais teve de passar ao longo dos anos? Ficava calada enquanto seu superior relacionava todas as suas falhas de modo claro, conciso e explícito? Bem, agora é sua vez de fazer avaliações, promoções e, sim, até demissões de vez em quando.

As avaliações podem ser uma grande oportunidade de aprendizado, tanto para você quanto para seus funcionários. Elas permitem que você estabeleça a situação geral para cada membro da equipe e ofereça uma oportunidade de fortalecer o funcionário e discutir os objetivos profissionais dele. Se quiser saber o que seus funcionários realmente pensam a respeito de seu desempenho, permita que eles virem a mesa e testem você.

As promoções e os aumentos de salário geralmente são a melhor parte de ser chefe, pois nos dão a oportunidade de ser pessoas legais. Por outro lado, você pode descobrir, como acontece com muitos chefes, que a parte mais difícil de seu trabalho é decidir o que fazer quando uma pessoa não está trabalhando como deve. Pode ser difícil, mas, se você seguir o conselho que passamos na seção "É preciso ir: quando as boas notícias não são tão boas assim" (p. 152), vai sobreviver e não vai traumatizar os membros sobreviventes de sua equipe.

Este capítulo vai abordar as avaliações de desempenho (vai lhe mostrar o que fazer e o que não fazer, além de lhe oferecer uma amostra do Formulário de Avaliação de Desempenho) e ensiná-la a transformar notícias ruins em vibrações positivas, a fazer (e receber) críticas construtivas e a dispensar funcionários quando eles não satisfazem as expectativas.

Monitoramento e *feedback* de desempenho diário

Se você já se surpreendeu com algum ponto levantado em uma de suas avaliações, provavelmente teve um chefe ruim. Supervisionar outra pessoa depende do fluxo diário de trabalho. Depende do tom e da energia da equipe. É evidente que, para respeitar esses dois aspectos, você precisa gerenciar um pouco todos os dias. Jennifer Kyle, vice-presidente de uma publicação sobre culinária, nos diz que "há muitas reuniões internas e externas agendadas, mas eu também gosto de estar livre para fazer as coisas com mais rapidez, sem criar um processo desnecessário". Para abrir as portas da comunicação, comece checando o trabalho de seus funcionários pelo menos uma vez ao dia e reserve tempo para conhecer um pouco sobre eles. Tivemos um chefe que atravessava a sala até seu escritório de manhã sem dar sequer um sorriso para os funcionários. No fim do dia, nós nos sentíamos usados, dispensáveis e desvalorizados, e não como deveríamos nos sentir: como recursos valiosos.

Como manter o fluxo de trabalho é sua função, quando as pessoas a procuram com perguntas, você deve responder a elas o mais rápido que puder. Se não tiver a resposta na ponta da língua, procure se informar e responda no mesmo dia, ou diga ao funcionário quando terá a resposta. Esse procedimento também deve ser adotado com a avaliação de documentos. Como chefe, é provável que você tenha uma pilha de relatórios, apresentações, artigos e avaliações sobre a mesa esperando por suas mudanças/aprovações. Não espere que eles acumulem poeira; as pessoas podem pensar que não há problema em adiar respostas, ou então se sentirão desrespeitadas por você. Pior ainda: se você adia mudanças, está impedindo que o trabalho flua normalmente e que seus subordinados façam o trabalho deles.

Além disso, se você supervisionar o trabalho com regularidade, vai ver quais coisas não estão sendo feitas antes que o problema fique grande demais. Se você percebe que um funcionário mantém uma tarefa na lista de afazeres há muito tempo, pergunte o motivo. Talvez essa pessoa precise de mais direcionamento, de mais habilidades, ou de apenas um comentário motivador. Esse tipo de monitoramento diário (que fazemos questão de dizer que nada tem a ver com supervisionar de modo meticuloso) lhe dará mais controle sobre o que está sendo feito e quando, além de lhe dar, em troca, a verdadeira sensação de dominar o ambiente de trabalho.

Não aborde um novo assunto com nenhum de seus funcionários em uma avaliação. Em vez disso, você deve mostrar se eles obtiveram êxito em melhorar algum ponto que você já havia indicado anteriormente. Isso não apenas evita avaliações melodramáticas, mas também é uma maneira mais eficaz de gerenciamento. As pessoas costumam compreender uma crítica construtiva e reagir melhor a ela quando é feita no momento de um erro ou de uma falha, quando a lembrança do que fizeram ainda está fresca no momento da conversa.

Por que as avaliações são necessárias

Você provavelmente temia as avaliações feitas por seus superiores. Sendo a chefe, agora, você provavelmente as teme de modo diferente, ao ter de enfrentar pilhas de formulários de avaliação. Não apenas queremos incentivá-la a se envolver no processo de avaliação, como também esperamos que você participe com mais freqüência. A avaliação-padrão anual dá a você e a seus encarregados a oportunidade de estabelecer objetivos, partilhar idéias de clientes e de superiores, abordar assuntos relacionados ao desempenho e rediscutir o papel de cada um na visão de futuro da empresa. Trabalhamos em uma empresa que tinha quatro avaliações por ano, e apenas uma era para revisão salarial. Esse tipo de supervisão constante abria as portas da comunicação entre o chefe e seus funcionários. Sharon Rose, proprietária de diversas lojas de roupa, diz que, "sem um *feedback* útil, necessidades de desenvolvimento e um plano, é muito difícil manter as pessoas motivadas e garantir que todos estejam trabalhando com as mesmas intenções".

O ideal é que a avaliação envolva a revisão da qualidade do trabalho e das expectativas da empresa e abra espaço para discussões sobre os objetivos de carreira do funcionário. Se você planeja demitir um funcionário, então a avaliação também oferece um documento formal das falhas e problemas dele. É essencial que seja realizada uma revisão honesta. Se você demite uma pessoa após fazer uma avaliação brilhante dela, pode acabar tendo problemas judiciais.

Bruxa boa ou bruxa má?

JUSTIÇA E EQUILÍBRIO

Chris Colabella, presidente da Construction Information Systems, é uma de nossas mentoras. Ela construiu sua empresa sozinha e agora tem 34 funcionários em três estados. Leu todos os livros de administração, foi a treinamentos e, ao longo de anos de tentativa e erro, se tornou uma gerente inspiradora. Mantém um relacionamento profissional com seus funcionários e não concentra sua energia em fazer com que as pessoas gostem dela. Ela é justa, ouve o que os funcionários têm a dizer e tenta ajudá-los a alcançar seu potencial. E adivinhe! Eles gostam dela, de verdade. Chris realiza planos de desenvolvimento de carreira e avaliações de desempenho com todos os empregados. Ela nos mostra seu programa:

- Cada funcionário tem uma descrição do trabalho claramente definida, que eu revejo com eles de duas a três vezes por ano. Nessas mini-revisões, falamos sobre seus pontos fortes e fracos e discutimos como fazê-los melhorar. Também discutimos suas ambições dentro da empresa.
- Na revisão anual, se o funcionário recebe uma avaliação ruim, sinto que fui completamente justa ao avaliá-lo. E não fico me sentindo uma me-

> gera, porque ele sabia o que esperávamos dele e como estava se saindo durante todo o processo.
> - Então traçamos um plano com o que cada pessoa quer alcançar no ano seguinte, além do que eu quero que alcance. Esse é o plano de objetivos que usamos para as mini-revisões, e o processo recomeça.
> - Ensinei meus gerentes de operações a conduzir o mesmo processo com seus encarregados. Juntos, passamos por cada revisão escrita antes das reuniões, para que eles se sintam à vontade com o sistema.

Modelo de avaliação

Em nossa empresa, a YC Media, estabelecemos um sistema de avaliação que chamamos de BEST: Begin, End, Save and Track [Começar, Terminar, Salvar e Registrar]. Esses quatro elementos são resumidos para cada funcionário e oferecem os pontos de partida e um espaço para a discussão da avaliação. Gostamos de fazer duas avaliações por ano, mas apenas uma está ligada ao aumento de salário. A outra é voltada completamente para a produtividade e para o estabelecimento de objetivos. Durante essa avaliação não-salarial, também pedimos que os funcionários escrevam uma avaliação de desempenho de *nosso* gerenciamento. Embora alguns se assustem, descobrimos que, mais do que qualquer coisa, ela nos dá uma idéia melhor de como os funcionários gostam de ser gerenciados. Segue uma de nossas avaliações (não se preocupe, fizemos algumas mudanças – não queremos deixar nenhum de nossos funcionários embaraçado!).

Começar

Três ações que queremos que o funcionário comece a executar. Ligamos as ações de Começar com objetivos a curto ou a longo prazo para o funcionário. Mais uma vez, essas frases são o ponto de partida para uma conversa mais ampla a respeito do que queremos começar a ver nossos empregados fazerem.

Exemplos:

- Participar de mais eventos da indústria.
- Falar em reuniões de equipe.
- Fazer planejamento a longo prazo para clientes.

Terminar

Três ações ou hábitos que queremos que o funcionário abandone o mais rápido possível. Tentamos não incluir pequenos problemas ou manias que nos deixam malucas, mas aproveitamos o tempo para falar de assuntos sérios o bastante para manter 100% do foco no gerente e em seu funcionário. As ações de Terminar devem afetar diretamente a capacidade de crescimento na carreira.

Exemplos:

- Não cumprir prazos.
- Adiar o trabalho pesado.
- Delegar ao assistente tarefas com pouco prazo.

Salvar

Três ações que queremos que o funcionário continue executando. Quando chegamos a essa parte da avaliação, suspiramos aliviados por haver passado por assuntos complicados. Mais uma vez, tentamos manter o foco no assunto principal aqui, porque destacamos bom trabalho todas as semanas, se não diariamente. Por isso, esses são os pontos de ação que farão com que eles consigam uma promoção ou um aumento ao longo do caminho.

Exemplos:

- Sua contribuição criativa nas propostas dos clientes.
- Sua atenção a detalhes.
- A qualidade de seus textos.

Registrar

Essas ações definem um plano para que o funcionário registre seu crescimento na seção Começar da avaliação. Elas também mostram como é o sucesso para nós – queremos que você comece A, por isso, se virmos B, você terá êxito. Como os itens de Registrar são pontos de partida para a discussão, trabalhamos junto com os empregados para alcançar esses objetivos.

Exemplos:

- Participar de dois eventos da indústria por ano.
- Contribuir com um comentário em cada reunião de equipe.
- Mostrar-me suas propostas de campanha para cada cliente, para que eu possa ajudá-lo, se você precisar de auxílio com o planejamento.

Cinco erros de avaliação comuns

Exemplos específicos insuficientes

As frases de avaliação, tanto as negativas quanto as positivas, têm maior impacto quando apoiadas em exemplos específicos. "Você costuma não cumprir prazos" é mais fácil de esquecer do que "Você tem o hábito de não cumprir prazos. No mês passado, a nova proposta para o negócio de iogurte de soja que lhe pedi para esboçar só chegou à minha mesa quatro dias depois do prazo combinado com o cliente. O relatório de junho só foi entregue em meados de julho, e os *releases* sobre a geléia de framboesa vieram com um atraso de dois dias". Se você colocar a crítica dentro de um contexto, durante a revisão, forçará seu funcionário a repensar o próprio desempenho passado e futuro. Da mesma forma, as avaliações positivas, quando apoiadas em exemplos específicos, ajudam a motivar os funcionários. "Seus clientes parecem gostar de você" é algo bom de escutar, mas seria melhor ouvir "Recebi muitos telefonemas dos diretores de *marketing* do Regent Restaurant Group e do Wellbeing Spa, dizendo que estão muito felizes com seu trabalho".

Objetivos muito vagos

Se você estabelece o objetivo de que o representante de vendas "aumente as vendas", seu pedido está aberto a interpretações. Mas, se disser a ele que quer um aumento de 5% nas vendas, não há como ficar em dúvida se o resultado foi ou não alcançado.

Nenhum contexto

Para ajudar a desenvolver a visão geral de um funcionário, avalie todas as funções que ele tem na empresa. Ele precisa saber que, apesar de ser uma parte crucial do trabalho manter os clientes felizes, também é essencial que ele seja mentor de seus subordinados. Enquanto ele deve se concentrar nos objetivos de venda da loja de roupas da Main Street, também precisa começar a se voltar para os objetivos gerais de venda da empresa.

Negativa demais

Se você ataca alguém com críticas, duas coisas acontecerão: essa pessoa vai deixar de ouvi-la e – como forma de autopreservação – vai se convencer de que você está errada. Recomendamos que, se estiver avaliando alguém que você queira desenvolver e manter na empresa, faça críticas breves e concisas. Equilibre críticas com boas notícias, enquanto oferece passos para resolver os problemas. Mostre aos funcionários que você está comprometida com eles em mudar a situação.

Positiva demais

É mais fácil dar boas notícias, mas, se você passar a avaliação toda só fazendo elogios, estará perdendo a oportunidade de ajudar os funcionários a subir um nível. Se não mostrar a seu subordinado o caminho de uma promoção, estará lhe roubando a oportunidade de se desenvolver profissionalmente.

A palavra
UM CONSELHO DE ABIGAIL DISNEY,
FUNDADORA E PRESIDENTE DA DAPHNE FOUNDATION

A melhor gerente que já tive foi Gerry Laybourne, que trabalhou na Nickelodeon e na Disney, e que agora está na Oxygen Media. Ela formou um império de funcionários leais que se deitariam nos trilhos de uma estrada de ferro por ela. E tudo por causa de uma regra que, em muitos outros lugares, seria totalmente radical: ela é a rainha da gentileza. É gentil com garçons, porteiros, secretárias, senadores, princesas e idosos em ônibus. É uma devota militante do poder da gentileza, e é prova viva de que, como estratégia de vida, isso não apenas funciona como também cria uma aura de contentamento e clareza em volta de quem a pratica e de todas as pessoas a seu redor. É algo extraordinário e corajoso, uma vez que não é a doutrina seguida pelos maiores executivos. Ela é uma heroína.

As boas notícias: transformando notícias ruins em funcionários melhores

Digamos que uma de suas organizadoras de eventos seja querida pelos clientes, mas não leva jeito no trato com prestadores de serviço, o que resulta em reclamações feitas pelo entregador, pela florista e pela banda. Mesmo que todos comecem a reclamar quando ela estiver no comando, é melhor mantê-la e ajudá-la a vencer esse desafio. Você não deve esperar pelo dia da avaliação para abordar o assunto, por isso marque uma reunião individual com ela. Comece a discussão dando uma visão geral do problema e usando exemplos específicos. Juli Tolleson, diretora de contas da US Concepts, pediria a essa funcionária que apresentasse "uma perspectiva do problema e que explicasse de modo claro e construtivo o que poderia ser feito para melhorar a situação. Também perguntaria a ela o que eu poderia fazer para ajudá-la a realizar um trabalho melhor". Sarah Barns, representante de vendas de uma empresa de informática, diz que às vezes as conversas duras podem transformar as coisas com um funcionário que esteja deixando a desejar. "Tive uma funcionária nova que havia se destacado nas entrevistas, mas que logo desapontou a todos, ao começar a trabalhar. Percebemos suas falhas três meses depois da contratação e decidimos que a manteríamos conosco, mas lhe demos um aviso e entramos em um processo de avaliação, sem acreditar que ela mudaria. No entanto ela mudou. Aparentemente ela precisava de mais direcionamento do que acreditávamos, e conversar foi muito útil."

É preciso ir: quando as boas notícias não são tão boas assim

Infelizmente, você terá de demitir pessoas, e, mesmo que elas sejam as piores funcionárias do mundo, demitir alguém é sempre um problema. Janie Kleiman, vice-presidente de produção televisiva da 20th Century Fox, diz: "O único aspecto de meu trabalho do qual não gosto é quando um funcionário tem de ser demitido. Todos nós dependemos de nosso emprego para manter nossa família e nossos benefícios. Algumas pessoas precisam do emprego, pois ele identifica quem elas são e se tornou parte de sua personalidade. Levo muito a sério a responsabilidade de demitir ou substituir alguém".

A notícia ruim é que isso faz parte de seu trabalho. Então, nada de desculpas, você tem de enfrentar a situação. Seria melhor para vocês dois se o funcionário decidisse sair da empresa, por isso deixe claro, com uma advertência verbal, que as coisas não estão muito boas, e depois, por escrito, volte a mencionar que a situação está ruim. Exemplos concretos de falhas fecham a porta para discussões. Nesse momento, esperamos que o funcionário perceba o que está por vir e peça demissão. Seria bem melhor assim. No entanto, se ele se recusar a fazer isso, não for realista e não mudar, então você tem de demiti-lo. Demitir alguém fará com que você seja sempre considerada uma megera, na mente dessa pessoa. O melhor que você pode esperar é manter sua dignidade e tratar o futuro ex-funcionário com respeito. Chame-o a sua sala, peça que se sente, explique os motivos pelos quais ele está sendo demitido, lendo as últimas avaliações e advertências, e peça para que ele saia da empresa no mesmo dia. Por que ele deve sair no mesmo dia? Porque pode assumir um comportamento destrutivo, fazendo com que toda a equipe se sinta ansiosa, culpada, ressentida e receosa. É aí que as coisas podem ficar complicadas, pois talvez ele tenha de ser retirado à força. Converse com o Departamento de Recursos Humanos, pois pode ser que você tenha de pedir que a segurança acompanhe o ex-funcionário para fora da empresa, permitindo apenas que ele vá até a própria mesa pegar objetos pessoais. Ele terá de deixar qualquer coisa que pertença à empresa. (Veja a próxima seção, "A palavra legal", para obter mais dicas sobre como demitir alguém.)

Para tornar a situação o mais simples possível para todos os envolvidos, não dê ao funcionário a oportunidade de ser emotivo. Se você se desculpar pelo que tem de fazer, ou esperar que ele diga que está tudo bem, abrirá espaço para que ele chore, grite ou jogue algum objeto longe. Outra maneira de impedir que as coisas tomem grandes proporções é fazer avaliações honestas ao longo do caminho, para não surpreender o funcionário com algo novo. Dê a informação de modo rápido e sucinto e não tome para si a responsabilidade pelo fato de as coisas terem dado errado. Se você fez seu trabalho direito e ofereceu sugestões e métodos para resolver os problemas, é o funcionário que lhe deve desculpas, e não você a ele. "Eu demito alguém quando já o alertei e já lhe dei uma chance para que se salvasse, mas ele ou não se importa o bastante, ou não tem capacidade de realizar o trabalho. Existem muitas pessoas boas, espertas e esforçadas, por isso não há motivo para manter pessoas medíocres por perto", é o que diz a diretora de promoções Frances Miller.

A palavra legal
LAURIE MALKIN, ADVOGADA

Laurie Malkin é associada ao Departamento de Benefícios Empregatícios da Schulte Roth and Zabel LLP. Dentre suas várias responsabilidades, Laurie dá conselhos a empregadores a respeito de contratação de funcionários, administração e demissão; discriminação e abuso; incapacidade e licenças; benefícios; e leis sobre salários e horas. Ela também negocia contratos de trabalho e acordos de demissão e cuida de disputas empregatícias em cortes federais e estaduais, agências administrativas e tribunais arbitrais, quando acordos amigáveis não são fechados.

Se um funcionário está para ser demitido, você pode nos explicar o processo típico do ponto de vista legal?

Inicie o processo bem antes de a demissão ocorrer. Este é o passo mais importante. Quando aconselho um empregador sobre demitir um funcionário, começo fazendo três perguntas:

1. Por que você quer demitir essa pessoa?
2. O funcionário é protegido legalmente? Algumas situações especiais conferem estabilidade ao empregado, como membros da CIPA, gestantes, sindicalistas, vítimas de acidente ou doença de trabalho etc. Muitos estados e municípios também proíbem discriminação no ambiente de trabalho com base em estado civil, orientação sexual e antecedentes criminais.
3. Você tem documentação clara, consistente e atualizada do mau desempenho do funcionário ou outra razão para a demissão?

Quando a resposta para a segunda pergunta envolve a associação a uma classe protegida por lei, e/ou quando a resposta é sim para a segunda pergunta e não para a terceira, o empregador precisa agir de modo muito cauteloso. A possibilidade de ser responsável legalmente – independentemente de qualquer outro fato relevante para a situação – é muito grande. "Agir de modo muito cauteloso" geralmente significa obter consultoria legal imediatamente. Também significa considerar se vale a pena oferecer ao funcionário um acordo de demissão (dinheiro) em troca de uma afirmação por escrito dele dizendo que promete não processar a empresa.

Isso me leva a uma sugestão natural: como regra geral, não recomendo que o empregador ofereça algum acordo de demissão, continuação de pagamento ou de benefícios, como plano de saúde, ou qualquer outra remuneração a um empregado demitido, se ele não tiver direito a isso de acordo com a lei, sem antes obter uma promessa por escrito do funcionário dispensado de que ele isenta o empregador de qualquer responsabilidade legal – principalmente se essa pessoa foi demitida por má conduta ou por desempenho fraco. Na maioria dos casos, a menos que o empregador tenha uma política que afirme o contrário, não há garantia legal para o oferecimento de acordos. Mesmo assim, os empregadores geralmente pagam aos funcionários (inclusive àqueles despedidos por mau comportamento) um acordo de demissão, e esses mesmos funcionários usam o pagamento para contratar advogados que exigem *mais* dinheiro, ameaçando processar a empresa.

Realize uma entrevista de saída e proteja os interesses da empresa.
Os empregadores devem sempre realizar uma entrevista de saída com cada funcionário que deixa a empresa. A entrevista de saída geralmente é apenas uma reunião bastante curta. Durante essa entrevista, o empregador deve seguir os seguintes passos:

1. Certifique-se de que o empregado demitido devolveu todos os objetos da empresa: computadores, senhas, listas de clientes e contatos, chaves, papel timbrado, cartões de crédito etc. Na verdade, se você suspeita que um funcionário está fazendo algo errado, ou se teve acesso a informações importantes da empresa (ou informações pessoais a seu respeito), você deve limitar o acesso dele à empresa, a outros funcionários e principalmente aos computadores, sistemas de *e-mail* e outros recursos eletrônicos, antes mesmo de efetuar a demissão. O roubo de informações secretas e a destruição proposital de arquivos de computadores e outros objetos da empresa são grandes riscos que os empregadores de hoje correm.
2. Alerte o funcionário sobre problemas que ele pode ter relacionados a assuntos confidenciais da empresa.
3. Diga ao funcionário quando ele receberá o pagamento final, e diga o que será incluído no cheque. É importante consultar seu Departamento de RH ou um advogado trabalhista.
4. A entrevista de saída costuma ser o melhor momento para fazer perguntas. Os funcionários que estão partindo geralmente são uma fonte valiosa de informação a respeito do que você, como empregador, está fazendo de certo ou errado.

Disciplinadora disciplinada: seja constante, justa e construtiva

Os erros são sempre uma boa oportunidade de aprendizado para você e seu funcionário, por isso aproveite as inevitáveis discussões que vocês terão. Reserve um tempo para conversar com a pessoa assim que o erro ocorrer. Defina questões que pretende levantar e sugestões de como as coisas poderiam ter sido feitas de modo diferente. Durante a reunião, seja clara, calma e racional. Depois de apresentar seus pontos, escute o que o funcionário tem a dizer. Ele está apontando problemas que o impedem de realizar o trabalho? Precisa de mais treinamento? Não está disposto a aceitar a responsabilidade? Se ele parecer disposto a melhorar e a enfrentar as mudanças, trabalhe com ele para criar uma lista clara de passos que resolverão o problema.

Quando boas pessoas vão embora

Prepare-se, porque isso vai acontecer, e você não pode levar esse assunto para o lado pessoal. Bons funcionários sairão da empresa em algum momento, receberão propostas de outras organizações ou, ainda, vão querer o cargo que você ocupa. Leah Andrews, gerente de um restaurante, disse: "Eu soube o que estava acontecendo assim que Cheri me perguntou se podia conversar comigo em minha sala e fechou a porta quando entramos. Eu só queria me jogar no chão, gritar 'Nãããããoooo!' e chorar como uma criancinha". Qualquer chefe sabe como é ruim quando um bom funcionário vai embora. Isso afeta o equilíbrio da equipe, uma vez que todos estavam acostumados a trabalhar juntos. Dá mais trabalho aos outros membros, incluindo o chefe. Surge a pressão de ter de contratar "uma pessoa tão boa quanto" a que partiu ou, no mínimo, encontrar alguém ótimo. Isso faz com que você e os outros funcionários se distraiam de seus objetivos. E, pelo lado emocional, você vai sentir saudade do empregado, se gosta dele. Infelizmente (e felizmente) há muitas oportunidades hoje em dia, o que faz com que as pessoas permaneçam menos tempo em uma única empresa.

Se você acha que vale a pena lutar pelo funcionário, vá em frente. Converse com o Departamento de Recursos Humanos e com seu chefe para saber se existe a possibilidade de oferecer um aumento de salário ou uma promoção. Apesar disso, saiba que contra-ofertas nem sempre são bem-vistas. Quantas vezes você pediu demissão de uma empresa e ficou sabendo que a "direção queria mantê-la" e que seu chefe, de repente, conseguiu um aumento de salário para você? Como você se sentiu nessa situação? Ficamos bravos, mas não tão bravos quanto ficaríamos se não houvesse uma contraproposta. Por isso, faça o que quiser, mas não espere que funcione.

O melhor que você pode fazer é se preparar para a possibilidade de esse tipo de coisa acontecer a qualquer momento. Planeje e prepare-se para o que faria diante da saída de cada funcionário, se mantenha no controle, tenha, no mínimo, uma compreensão básica das responsabilidades de cada um e se prepare psicologicamente para a possibilidade de trabalhar muito mais até encontrar um substituto. Se seus funcionários trabalham diretamente com contas, reserve um tempo para conhecê-las, pois, se alguém do grupo for embora, elas deverão continuar sendo cuidadas por um representante da empresa. Se os funcionários trabalham em turnos, tenha um plano para reorganizar os horários, no caso de um deles abandonar a empresa. Se o empregado viaja muito para participar de reuniões e conferências, tenha em mente que você pode passar a viajar bastante até encontrar um substituto.

Conversa de homem
DAVID CRAIG, DIRETOR E PROGRAMADOR DE DRAMAS DA A&E TELEVISION

David Craig, executivo da televisão e do cinema, já trabalhou com seis mulheres poderosas durante sua carreira. Não é nada fácil ter sucesso no competitivo mundo do entretenimento. Conversamos com ele a respeito de suas experiências ao trabalhar para mulheres.

Fale um pouco sobre os desafios comuns com os quais suas chefes tinham de lidar no ambiente de trabalho. Fale também sobre como elas os superaram.

O desafio mais comum parece ser a interação com os homens que ocupam posições superiores às delas, principalmente se eles forem menos qualificados do que elas para a posição. Isso ainda acontece com bastante freqüência nos negócios, mesmo na TV e no cinema, e é muito frustrante. A reação comum é manter o profissionalismo e agir como se nada acontecesse. Uma coisa interessante que sempre notei é como as mulheres conseguem equilibrar o trabalho e a vida doméstica. Algumas contratam ajuda doméstica ou têm os filhos já fora da escola, ou, de alguma maneira, conseguem lidar com tudo ao mesmo tempo sem abrir mão de suas ambições no trabalho.

Quem você acha que são os melhores chefes: os homens ou as mulheres?

Essa resposta varia. Como tive relacionamentos fortes com as mulheres de minha família, sempre pensei que eu conseguia trabalhar melhor com mulheres e que as apoiava por conseguirem vencer em áreas dominadas pelos homens. Apesar disso, tive o azar de trabalhar com algumas das mulheres mais rudes, competitivas e pouco colaboradoras no setor de filmes e edição. Uma das coisas que achei mais difícil foi esperar uma abordagem mais carinhosa ou sensível da administração de pessoal, o que não aconteceu. Em muitos casos, as chefes mais difíceis se esforçavam bastante para eliminar qualquer vestígio de sensibilidade em sua administração. Em minha opinião, elas estavam tentando compensar o fato de serem comparadas com os homens em posições superiores. No entanto, essas mulheres não tinham o menor pudor em explorar seu apelo sexual para obter favores ou benefícios por parte dos homens. Isso sempre me pareceu uma grande contradição, num sentido político, na luta pelos direitos das mulheres. O que essas mulheres fortes e bem-sucedidas (tanto as chefes boas quanto as más) me ensinaram é que o ambiente de trabalho nada tem a ver com política de gêneros e que elas não querem ser vistas como modelos de conduta. Para elas, os negócios são uma guerra, e tudo vale na guerra e no trabalho.

Quais foram as características de personalidade das mulheres que funcionaram bem para você?
Com as chefes que me ajudaram e que se sentiram menos ameaçadas por mim, consegui crescer como funcionário e tive mais sucesso em ajudar a empresa do que teria acontecido se tivesse sido reprimido. Em troca, ofereci mais lealdade e suporte, o que resultou em dois empregos de longa duração com as chefes mais incentivadoras. O apoio que elas me deram foi benéfico para os dois lados.

Você teve uma chefe favorita?
Na verdade, tive duas chefes ótimas. Uma foi a produtora de filmes Marcia Nasatir, que, apesar de ter quarenta anos de carreira, me tratou com igualdade desde o primeiro dia e permitiu que eu participasse de todos os setores da empresa. A outra grande chefe foi a executiva de TV Delia Fine, que me auxiliou muito quando passei por minha primeira empresa e me ajudou a usar meus pontos fortes para crescer.

8

Cultura é tudo

AULA DE CULTURA EMPRESARIAL

A cultura empresarial é o coração e a alma de uma empresa e determina como os funcionários vão agir e se sentir. Envolve valores, ética e estética. Valores empresariais, modo de vestir, maneiras ao telefone e políticas de benefícios fazem parte dela. Uma cultura empresarial pode ser afirmada ou compreendida. Por exemplo, a YC Media permite que seus funcionários se vistam de modo casual, no entanto todos sabem que, para receber visitantes ou clientes, devem de se "vestir adequadamente" para a ocasião.

A cultura empresarial pode ser prescrita desde o princípio e se desenvolver com o tempo. Ela geralmente reflete a ética do proprietário, mas vai se adaptando conforme a empresa amadurece e cresce. Os animadores da Walt Disney Company deixaram de usar terno e gravata para trabalhar todos os dias, mas a empresa se mantém fiel à missão que o próprio Walt começou de oferecer entretenimento de qualidade a pessoas de todas as partes do mundo.

O dr. Randall Hansen, *webmaster* do Quintessential Careers, além de editor do boletim eletrônico dessa empresa, chamado *QuintZine*, assina a coluna de conselhos de carreira "The Career Doctor", publicada duas vezes por semana, e leciona na Universidade Stetson, na Flórida. Ele acredita que avaliar se você se enquadra bem na cultura empresarial é um forte indicador de sua felicidade e de seu sucesso num emprego. Ele recomenda em seu próprio *site* que você entreviste outros funcionários da empresa para ter uma idéia real da cultura. As perguntas do dr. Hansen devem ser levadas em conta quando você estiver entrevistando alguém para um novo cargo ou avaliando sua própria cultura empresarial.

- Quais são as dez palavras que você usaria para descrever sua empresa?
- Como é trabalhar aqui? Você gosta?
- O que é realmente importante?
- Os funcionários são valorizados?
- Quais habilidades e características a empresa valoriza?
- Você sente que sabe o que esperam de você?
- Como as pessoas de diferentes departamentos interagem?
- Existem oportunidades para mais treinamento e aprendizado?
- Como as pessoas são promovidas?
- Quais comportamentos são recompensados?
- Você sente que sabe o que está acontecendo?
- A empresa se comunica com os funcionários de modo eficiente?

O que define sua cultura empresarial: equilibrando padrões e estilo

Todas nós queremos o local de trabalho perfeito – um ambiente leve e feliz, repleto de trabalhadores produtivos e motivados, assoviando enquanto trabalham. Criar e manter um lugar assim requer idéias e disciplina. Dentro de empresas felizes existem pessoas felizes. Criar uma cultura dedicada à felicidade dos funcionários é uma maneira de garantir o sucesso. E tudo começa com passos básicos. Pague um salário justo aos funcionários, talvez melhor do que a média do mercado. Crie um pacote de benefícios que leve em consideração todas as necessidades de seu funcionário. Seja clara a respeito dos objetivos para a empresa e para as pessoas e se comunique com elas regularmente.

A maioria das mulheres que entrevistamos reconheceu que sua cultura empresarial e seu estilo de gerenciamento andam de mãos dadas. Gretchen Monahan, proprietária de seis salões e *spas* Grettacole na região de Boston, descreveu seus 110 funcionários como membros de sua família e nos contou como eles a ajudam e como ela os ajuda. Claire Burke, vice-presidente da Hunter Public Relations, na cidade de Nova York, explicou que as pessoas em sua empresa que se preocupam mais com o título do cargo do que com as responsabilidades que ele traz não duram muito. "Meus clientes não sabem qual é meu título", ela disse. "Minha equipe sempre se sente mal quando estamos em uma reunião e o cliente me apresenta como sua 'supervisora de contas'. Mas, para as pessoas mais experientes da administração, o que importa é fazer o trabalho, e não se preocupar com títulos e posições."

Os valores da empresa não devem ser apenas teóricos, mas uma filosofia que os empregados conheçam e integrem à vida profissional. Não é de surpreender que as melhores empresas façam isso da melhor forma. A rede de supermercados Wegman's foi eleita pela revista *Fortune* a melhor empresa para se trabalhar em 2005, devido à sua missão incomum: "Funcionários antes, clientes depois". O pensamento da Wegman's é de que, quando os funcionários são felizes, os clientes também serão. E a empresa investe dinheiro para provar essa idéia: ela paga salários maiores do que seus concorrentes e, em um ramo caracterizado por sindicatos fortes ou pela falta de benefícios, oferece plano de saúde a todos os funcionários, sejam eles trabalhadores de meio período ou de período integral.

Para determinar quais empresas são as melhores, a revista *Fortune* desenvolveu uma avaliação em quatro partes que representa um terço do resultado total. Acreditamos que é uma boa ferramenta para usar quando quisermos avaliar nossa própria cultura. A *Fortune* analisa credibilidade (comunicação com os funcionários), respeito (oportunidades e benefícios), justiça (compensação, diversidade) e orgulho/camaradagem (filantropia, celebrações).

Como você quer que seus funcionários se sintam ao entrarem na empresa? Como você se comunica com eles? Todos eles percebem a importância da administração? As oportunidades de crescimento e os benefícios são iguais ao padrão do mercado, ou mesmo melhores? O ambiente de trabalho é diversificado, incluindo pessoas com todos os tipos de experiência? A empresa tem como prioridade o desenvolvimento da carreira do funcionário? O ambiente de trabalho tem a filantropia como prioridade? Os funcionários se preocupam com mais do que o próprio salário?

Quando você considerar todas as perguntas e empregar uma cultura positiva no ambiente de trabalho, pode ter certeza de que os bons funcionários não sairão, caso surja uma oportunidade melhor.

O que você defende?

Avaliar, articular e colocar em prática seus valores será bastante desafiador. É também a coisa mais importante que uma empresa pode fazer para criar uma cultura consistente, de modo que a equipe vença. Na YC Media, valorizamos o atendimento ao cliente acima de qualquer coisa. Criamos um ambiente de trabalho descontraído, porém profissional, incentivamos a individualidade e oferecemos oportunidades de carreira nas quais o céu é o limite.

A maioria dos *sites* de empresas relaciona sua missão e seus valores. Nós lemos alguns desses textos enquanto pesquisávamos para escrever este capítulo, e nosso favorito foi o do Yahoo!. Você pode conhecê-lo pelo *site* <http://docs.yahoo.com/info/values/>.

Não se esqueça de que você não é a única pessoa que pensa em valores. Os funcionários em potencial também pensam nisso. Na verdade, os consultores de carreira sugerem que os candidatos a empregos avaliem seus próprios valores antes de procurar um trabalho. O quadro de carreiras do *site* da Universidade de New South Wales, em Sidney, Austrália, sugere que os alunos façam uma lista de valores que são importantes para eles e oferece amostras. Sugere que os alunos analisem valores extrínsecos, que incluem riqueza, poder, prestígio, segurança, *status*, reconhecimento, benefícios e bônus; valores intrínsecos, como conquistas, honestidade, compaixão, ambição e crescimento pessoal e intelectual; valores contextuais, como o tamanho da empresa, seu interior e seu exterior, conforto estético, diferenças e semelhanças; e assuntos relacionados a pessoas, incluindo trabalho em equipe e independência.

A palavra
TESSA JANE GRAHAM, CONSULTURA DE ESTRATÉGIA DE MARCA

Tessa Jane Graham é sócia da Fresh Partners, empresa dedicada a desenvolver marcas de negócios atreladas a celebridades. A Fresh Partners surgiu do trabalho que Tessa realizou com o famoso *chef* Jamie Oliver, como diretora de desenvolvimento estratégico. Sob a liderança dela, o negócio de Jamie se expandiu para 46 países, com 23 idiomas, e ele já vendeu mais de doze milhões de livros no mundo todo. A experiência de Tessa no desenvolvimento de marcas mundiais inclui trabalhos com Joe Boxer, Red Sheriff e Razorfish, a consultoria digital na qual ela trabalhou com diversos clientes do mundo todo. Ela já trabalhou no Canadá e nos Estados Unidos e atualmente está no Reino Unido, onde é consultora de marca.

Tessa conta sua experiência no desenvolvimento de uma cultura empresarial, no gerenciamento de sua equipe e na administração de problemas e turbulências em um novo negócio.

- Como uma pessoa envolvida na construção de marcas, acho que compreender a marca de uma organização é essencial para que sejamos boas chefes. Se todos na equipe compreendem a visão e a missão, além do papel que podem ter no alcance dos objetivos, todos ficam focados na mesma direção. Se feita de modo correto, a marca influencia tudo que a empresa faz, principalmente sua cultura empresarial. A equipe então percebe qual é o objetivo em comum, e todos, de modo ideal, trabalham por ele.
- Sempre acreditei que a transparência na administração é a melhor prática. Partilhe com a equipe a situação da empresa, os pontos que poderiam ser melhorados, as estatísticas, o sentimento das pessoas – dessa maneira, não existem segredos e planos escondidos. Todo mundo sabe o que acontece.

Casual Friday: por que um código de vestir funciona bem

Cynthia Rowley é uma famosa *designer* de moda, com lojas em todo o mundo. Ela também é, junto com a escritora Ilene Rosenzweig, criadora da Swell, uma marca de estilo de vida. Ela tem um código de vestir bastante rígido para novos funcionários e estagiários, desenvolvido depois de muitos problemas com roupas feias ou inadequadas. Afinal de contas, o estilo pessoal de alguém pode se tornar seu pesadelo.

Judith Glaser conta uma história sobre sua experiência com a política do código de vestir de Donna Karan, quando estava fazendo pesquisas para o livro *Creating We: Change I-Thinking to We-Thinking and Build a Healthy, Thriving Organization*:

> Em 1996, um dia antes de minha primeira visita à Donna Karan International, para me encontrar com Donna e sua equipe de liderança, passei muito tempo pensando no que vestiria. Na época, eu não possuía nenhuma peça de sua marca, apesar de querer muito. Eu só comprava roupas de marca quando estavam em promoção, e não tinha um *designer* favorito. De vez em quando, eu parava em lojas de marca em promoção para comprar "roupas de *status*", que eu vestia com muito orgulho em festas. Apesar de quase ter me tornado estilista no ensino médio, isso havia sido muito tempo antes. Meu talento de estilista deu espaço ao talento para ajudar executivos a criar o futuro de seus negócios, e eu estava feliz com a troca, até conhecer Donna Karan e seus 31 executivos.
>
> O terno que escolhi para minha primeira visita era bem bonito: uma roupa de lã cinza-claro com o nome de um estilista italiano na etiqueta – uma marca que eu nunca havia comprado antes daquela ocasião e que não voltei a comprar depois. Tinha um "jeito" Chanel e, na minha opinião, eu estava bem vestida para a ocasião [...]. Ao abrir a porta, tomei o maior susto de minha vida. Só me recompus depois de alguns segundos.
>
> Ali estava eu – sozinha – com meu belo terno cinza, cercada por vários executivos vestidos de preto: ternos pretos, calças pretas e camisas pretas.

Judith ficou sabendo mais tarde que Donna exigia que todos vestissem preto, porque outras cores atrapalhavam sua criatividade. Ela queria um fundo monocromático para conseguir criar. Por não conhecer o código de vestir, Judith ficou em desvantagem. Sua roupa gritava "intrusa" quando ela entrou no escritório.

Mas um código de vestir não se aplica apenas à moda e às pessoas no mundo da moda. Tem a ver com se adequar, ser apropriado, representar. Os estilos de roupas mudam de negócio para negócio, de cidade para cidade. Francamente, um código de vestir claramente definido seria um alívio para as muitas horas de angústia que todas nós já enfrentamos tentando decidir o que vestir numa importante reunião, numa apresentação ou no primeiro dia em um novo emprego. Em seu primeiro emprego na cidade de Nova York, Kim não tinha roupas apropriadas – o problema foi que ela só soube disso anos depois, quando um grupo de pessoas se reuniu para rir dos tempos antigos. Suas roupas de "garota de negócios" foram o maior motivo das risadas – mais especificamente, as calças cor fúcsia com um cachecol para combinar e um chapéu de palha (não ria tanto, o ano era 1990, e ela é de New Jersey). O que era bonito quando ela era auxiliar de vendas na Casual Corner, em Colorado, definitivamente não era nos escritórios de uma revista na cidade de Nova York. Assim, como definir uma política razoável sobre o código de vestir?

O Women's Business Center, serviço *on-line* da Small Business Association (<www.onlinewbc.gov>), oferece dicas aos funcionários sobre como se vestir e um manual do empregado:

> Como funcionário da XYZ, esperamos que você demonstre uma aparência limpa e profissional quando estiver nos representando, seja dentro, seja fora da empresa. O pessoal da administração, de vendas e os funcionários que entram em contato com nosso público devem se vestir de modo aceitável para o trabalho em uma empresa. Uma lista específica com informações a respeito do que vestir e do que não vestir, incluindo uma definição detalhada do que é casual nos negócios, pode ser obtida com o responsável pelo Departamento de Recursos Humanos e será divulgada em todas as áreas de trabalho.

É essencial que você aja profissionalmente e trate seus colegas de trabalho, convidados, clientes e fornecedores da mesma forma. É fundamental ser alegre e positivo no comprometimento com um ótimo atendimento aos clientes e com uma qualidade impecável.

Mas para que serve isso? O que significa "modo aceitável para o trabalho em uma empresa"? Facilite as coisas para sua equipe e para si mesma. Seja específica o máximo que puder. Nunca diga: "Por favor, vista-se adequadamente, pois vamos nos reunir com clientes amanhã". Em vez disso, seja específica: "Terno", ou: "Nada de *jeans*". Se você estiver em uma empresa pequena, faça o que fazemos e recomende o uso de determinada roupa que seu funcionário tiver e que você percebeu que seria conveniente para a ocasião.

Na ausência de um código de vestir claramente definido, preste atenção. O que seus superiores vestem? Pense no lugar aonde você vai e quem vai encontrar. Nada é mais capaz de acabar com sua autoconfiança do que sentir que escolheu a roupa errada ou ser acusada de estar vestida inapropriadamente.

Após vencer o campeonato nacional, o time de lacrosse feminino da Universidade Northwestern foi convidado para ir à Casa Branca conhecer o presidente. Quando a foto das jogadoras com o presidente foi publicada na Internet, muitos convites da mídia surgiram, solicitando entrevistas com elas. Era ótimo para o lacrosse feminino que, de repente, um veículo de comunicação tão famoso quando o *Today* demonstrasse interesse pelo esporte. Infelizmente, eles não estavam interessados naquele esporte nem em qualquer outro. Eles só queriam entrevistar as jogadoras que haviam ido de chinelo de dedo encontrar o presidente. Aquela era a notícia: não a atuação do time na temporada, mas o fato de elas irem a uma loja de roupas femininas, comprarem vestidos de praia e chinelos que combinavam com os vestidos e os colocarem para tirar uma foto com o presidente dos Estados Unidos.

O código de vestir que se encaixa em todas as ocasiões

Após anos de listas da revista *Glamour* sobre o que não usar, criamos um código de vestir que se encaixa em qualquer situação:

- Quando estiver em dúvida, vista preto. Uma calça social preta, um vestido preto, uma saia preta com todo tipo de blusa funcionam bem em qualquer situação. Calce um par de sapatos pretos e, sem nem perceber, você estará ótima.
- Fibras naturais sempre. Fique longe de raiom, acetato ou qualquer coisa que brilhe. Com lã e algodão, não tem como errar.
- Cuide das unhas. Vá à manicure com freqüência ou faça as unhas em casa. Escolha esmaltes que durem mais tempo e tons sóbrios, tanto no inverno quanto no verão. Tire o excesso de pêlos das sobrancelhas. Livre seu cabelo das pontas duplas e, se estiver precisando cortá-lo, mantenha-o preso em um coque.
- Os sapatos fazem a mulher, e há muitos pares para qualquer tamanho – o que não pode ser dito a respeito de calças *jeans* caras. Mantenha os sapatos em boas condições. Leve-os à sapataria para que a sola e o salto sejam consertados e mantenha-os lustrosos – principalmente as botas.
- Não use blusas que deixam a barriga à mostra. Nunca! Adoramos blusas um pouco mais compridas e detestamos as curtas.
- Deixe as minissaias para o fim de semana.
- Vista roupas de dia durante o dia e roupas de noite à noite. Trabalhamos com uma mulher que vestia saias de tafetá combinando com sapatos e blusas para trabalhar, e nunca tivemos certeza se ela ia direto da "balada" para o serviço.
- Confira o que as revistas mostram. Adoramos a moda mostrada na *Estilo*. Essa revista oferece muitas opções para todas as formas, tamanhos e orçamentos.
- Use maquiagem – você vai ficar mais bonita. Não precisa ser carregada – um pouco de base, *blush* e rímel já resolve.

Bruxa boa ou bruxa má?

O Diabo realmente veste Prada

Algumas empresas são mestres em mau comportamento. Muito antes de o livro *O Diabo veste Prada* ser lançado, todos sabiam que as editoras que trabalhavam nas revistas da Condé Nast eram bruxas más e que até se auto-intitulavam Condé Nasties [Malvadas da Condé]. A triste verdade é que o Departamento de Recursos Humanos não apenas sabia disso, mas também perpetuou essa situação. Krista Dale era uma jovem assistente editorial com quase quatro anos de experiência, quando fez entrevista para uma vaga na Condé Nast. Após reprová-la no teste de datilografia (em uma máquina de escrever, diga-se de passagem), a gerente do Departamento de Recursos Humanos disse que "ela não tinha capacitação" e lhe ofereceu o cargo de segunda assistente editorial da editora-chefe de uma revista pequena. Seu salário seria dez mil dólares *a menos* que os 28 mil anuais que ela recebia em seu emprego anterior. Quando ela perguntou à gerente como as pessoas conseguiam sobreviver com aquela renda anual, esta respondeu que "suas assistentes editoriais não trabalhavam ali porque precisavam de dinheiro". Bem, pelo menos ela foi honesta.

Conheça a cultura da empresa na qual quer entrar. Aprender uma nova função já é difícil o bastante sem pressão.

Começando do zero: desafios e oportunidades para o empreendedor

É muito excitante começar um novo negócio – só vemos as coisas boas. Você pode criar o tipo de cultura com a qual sempre quis trabalhar. É a sua festa agora, e (se tiver sorte) ninguém vai chorar. Segue uma lista de perguntas que devem ser feitas no começo:

- Como e com que freqüência vou me comunicar com meus funcionários?
- Como será o espaço de trabalho deles?

- Quanto a concorrência paga pelo mesmo trabalho?
- Que tipo de benefícios o concorrente oferece?
- O que a empresa valoriza e como vou passar esse valor à equipe?

Peixe fora d'água

Uma mulher da região Nordeste dos EUA começou a trabalhar para uma empresa do Meio-Oeste. Em seus empregos anteriores, se expressar era a ordem. Os funcionários tinham liberdade para expressar suas opiniões. Comentários eram exprimidos, críticas eram feitas e recebidas, o estresse era aliviado, e os dois lados do confronto/papo sabiam que o resultado seria bom. Nada era levado para o lado pessoal, e as coisas ditas num momento intenso não eram guardadas com rancor. Ela pensava que era assim que as coisas funcionavam nas empresas. Infelizmente, descobriu tarde demais que o que funcionava em um sempre corrido ambiente de Nova York não funcionava em sua nova cidade. A cultura que encontrou no Meio-Oeste tinha menos prazos de entrega e uma maneira muito diferente de comunicação. Críticas diretas simplesmente não eram feitas. E não havia coisas ditas "no calor do momento". As pessoas do Meio-Oeste classificariam a comunicação delas de mais civilizada. Os nova-iorquinos a chamariam de falsa. E a maioria concordaria que, quando não podemos enfrentar os problemas diretamente, temos dificuldade em fazer mudanças.

De qualquer forma, a idéia de que pessoas de diferentes partes do país e do mundo se comunicam de modo distinto não é estereotipada nem exagerada. Não é preciso falar um idioma diferente para que haja confusão na comunicação.

A palavra
AMIE MALKIN, DIRETORA DE UMA GRANDE AGÊNCIA DE RELAÇÕES PÚBLICAS

Amie Malkin se mudou dos Estados Unidos para Londres há mais de quatro anos. Ela viveu de perto as diferenças culturais e oferece alguns conselhos:

- Qualquer pessoa que vai para a Europa deveria tomar o cuidado de passar mais tempo ouvindo do que falando. É impossível dizer quanto podemos aprender com nossos colegas e com as infinitas diferenças entre nós.
- Em termos práticos, isso também significa dar a seus colegas oportunidades suficientes para que respondam a perguntas e compartilhem completamente as próprias idéias. Alguns se sentem à vontade falando ao mesmo tempo que outras pessoas. Os europeus geralmente não agem assim e podem se afastar se virem alguém fazendo isso.
- Tome cuidado para que sua intenção de ser educada seja compreendida adequadamente.
- Lembre-se de que muitos países não têm uma cultura entusiasmada. Assim, os colegas de outros países às vezes não acreditam na sinceridade de um agradecimento enfático.
- Por fim, se estiver trabalhando no exterior, depende de você decidir quanto quer assimilar da cultura daquele país. A boa notícia é que reconhecer e celebrar nossas diferenças geralmente ajuda bastante na formação de relacionamentos.

Qual é a lição? Preste atenção nos métodos de comunicação dos outros. Esforce-se para desfazer mal-entendidos na comunicação o mais rápido possível. Avalie quais funcionários falam de modo mais emotivo e alerte-os sobre quando abrandar o jeito de falar. Identifique quais funcionários não compreendem seu sarcasmo ou seu senso de humor. E, talvez o mais importante, não puna as pessoas pelo estilo de comunicação delas, apesar de algumas coisas, como palavrões, nunca serem aceitáveis e sempre serem pouco éticas. No entanto, às vezes pode se tratar apenas de diferença de estilo, e é sua tarefa fazer com que todos se alinhem.

Analisando a Janela de Johari

Ao passarmos pelos ensinamentos de administração, ocasionalmente encontramos alguma "teoria" que parece bastante interessante para ser partilhada.

A Janela de Johari é uma ferramenta que os consultores de administração usam para ajudar a aumentar a comunicação dentro das empresas. Foi criada por Joe Luft e Harry Ingham na Universidade da Califórnia, nos anos 50. Ela oferece uma maneira de analisar como a comunicação é expressa. Resumindo, a janela reflete a interação da informação entre você e os outros. A boa comunicação acontece no quadrante superior esquerdo, conhecido como arena, área que é "conhecida por você" e "conhecida pelos outros". Abaixo da arena fica a fachada, o quadrante no qual você sabe, mas os outros não. O quadrante ao lado da arena é o ponto cego, no qual os outros sabem, mas você não. E abaixo do ponto cego é o desconhecido, o quadrante no qual nem você nem os outros sabem.

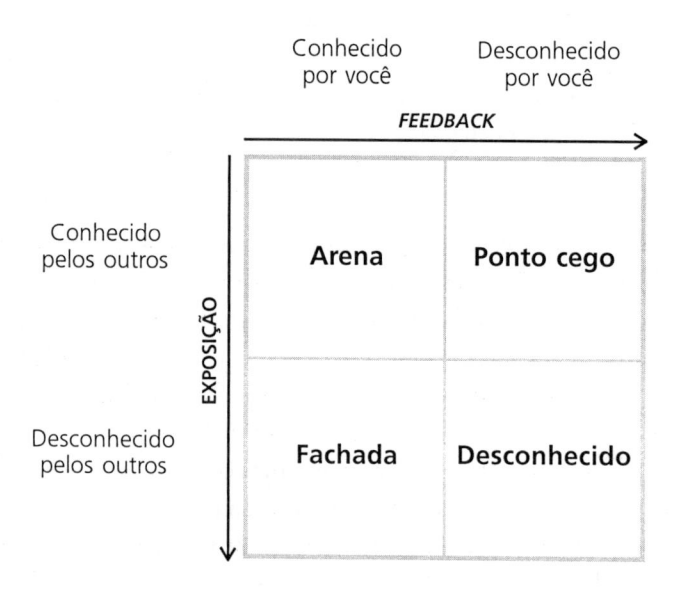

	Conhecido por você	Desconhecido por você
Conhecido pelos outros	Arena	Ponto cego
Desconhecido pelos outros	Fachada	Desconhecido

FEEDBACK →

EXPOSIÇÃO ↓

Eles acreditam que a produtividade e a eficiência pessoal estão diretamente relacionadas com a quantidade de informação dividida entre você e os outros. Por exemplo, se um gerente sabe que um membro da equipe veio transferido de outro país, e esse membro sabe que a comunicação é diferente no novo país, então é possível que eles trabalhem juntos para tentar entender as diferenças antes de tirar conclusões precipitadas.

Seu objetivo (sem compartilhar informações pessoais desnecessárias, é claro) é tornar a arena o mais ampla possível. Quanto maior a arena se tornar, mais gratificante, eficaz e produtivo o relacionamento pode ser. Você pode aumentar o tamanho da arena com uma troca regular e honesta de *feedback* e com disposição para revelar sentimentos pessoais. As pessoas a seu redor entenderão seu jeito de ser e saberão o que você acha fácil ou difícil de fazer, e assim poderão oferecer o apoio apropriado. E, é claro, você pode fazer o mesmo por elas.

Aumentando o tamanho da arena

Alterar o tamanho da arena depende de você. Quanto mais você divide informações importantes com outras pessoas, mais amplia a arena para baixo, reduzindo a fachada. Luft e Ingham chamam isso de "processo de exposição", o que exige expressão receptiva e franca de sentimentos e fatos.

São necessárias, no mínimo, duas pessoas para que haja comunicação, e a outra parte também deve se expor (dividir informação) para que a comunicação seja produtiva. Assim, você deve solicitar ativamente informações de outras pessoas. Luft e Ingham chamam isso de "solicitação de *feedback*". Ao receber *feedback*, a arena se amplia para a direita, reduzindo o ponto cego.

Para estabelecer uma boa comunicação, você precisa se envolver na solicitação de exposição e de *feedback* – forneça informações e faça perguntas aos outros. Está tudo sob seu controle, e, por você ser a chefe, é sua responsabilidade expandir a arena. Quando Sarilee Norton era vice-presidente da Tenneco Packaging, ela organizava uma reunião a cada trimestre para revisar objetivos. Ela nos disse: "fazer com que as pessoas usem o cérebro – intelecto, criatividade, sensibilidade – e ao mesmo tempo mantê-las em um nível pessoal pode causar um grande impacto. Eu costumava organizar um almoço todo trimestre e pedia que cada participante fizesse algo que desse ao grupo uma idéia de sua própria individualidade e do que o motivava.

Por exemplo, em um dos almoços, pedi que cada pessoa levasse um objeto de seu passado que revelasse algo sobre ela que provavelmente não sabíamos. Barb, minha assistente executiva, levou suas sapatilhas da época em que era bailarina profissional. Diana levou Boo-boo, seu ursinho de pelúcia da infância, que ela carregava na mala sempre que tinha de viajar, porque ele a transportava de volta à realidade, mesmo em um dia ruim. Todos falavam sobre os projetos nos quais estavam trabalhando, o que estava indo bem e o que não estava, em que precisavam da ajuda ou do conselho de outras pessoas. Por fim, revisávamos nossas metas e iniciativas para o período e avaliávamos como acreditávamos estar indo".

A exposição de informações pessoais e o *insight* trocado a respeito das personalidades uniam o grupo e, conseqüentemente, facilitavam uma comunicação mais positiva.

Conversa de mulher
GRETCHEN MONAHAN, DONA DA GRETTACOLE, G SPA E GRETTA LUXE

Gretchen "Gretta" Monahan está construindo um pequeno império de salões, *day spas* e lojas de roupa na região de Boston e regularmente participa, como consultora de moda, do programa Antes e depois, do canal People + Arts. Em 1995, Gretchen fez um empréstimo para abrir a Grettacole e hoje conta com aproximadamente 110 funcionários em seis negócios, incluindo três salões Grettacole, com todos os tipos de tratamento de beleza e *day spas*, duas lojas Gretta Luxe e a mais nova marca, G Spa, que oferece serviços "rapidinhos" de *spa*. Gretchen também oferece consultores *on-line* para atendimento personalizado, com dicas sobre cabelo, maquiagem, tratamento de pele e roupas.

Em 2000, Gretchen foi uma das principais cabeleireiras de Boston e a "estrela" e proprietária de seu primeiro salão, Grettacole, em Wellesley, Massachusetts. Ela trabalhava oito horas por dia "cuidando de cabelos" e também treinando e supervisionando uma equipe de estilistas. Quando abriu sua segunda loja, simplesmente dividiu seu horário de trabalho em dois, trabalhando quatro horas em cada loja. Conforme as lojas foram ficando cada vez mais conhecidas, outras vieram. Ela começou a acreditar que seu sonho de lançar uma marca nacional de estilo poderia ser alcançado, mas as coisas teriam de mudar.

Em primeiro lugar, ela teria de sair do salão, parar de cuidar de cabelos e se tornar líder da equipe: seria a porta-voz da empresa e a executiva, com o controle das finanças e uma visão de futuro – muita coisa para uma cabeleireira que não tinha nível superior. Assim, Gretchen procurou a ajuda de que precisava para alcançar seus objetivos. Com base no conselho de uma mentora, ela tentou e conseguiu uma vaga no prestigiado programa de MBA da Harvard Business School. Conversamos com Gretchen sobre sua cultura empresarial e seu estilo de administração.

Como você descreveria sua cultura empresarial?
Temos um negócio muito importante, temos bastante vontade e nos concentramos no atendimento ao cliente. Não adiamos o cuidado com a papelada e não dependemos muito de sistemas, apesar de que, com nosso crescimento, isso vai mudar também. O desafio é que a mudança na cultura do salão demora anos para ser alcançada. Tivemos sucesso até agora porque provamos que, se um cabeleireiro seguir nosso programa e se manter fiel a nossos valores quanto a cuidar do atendimento aos clientes e da felicidade e satisfação deles, ele será mais bem-sucedido do que em outros salões e ganhará mais.

Como seu negócio é organizado?
Cada unidade tem seu gerente, que é responsável pelo sucesso daquela unidade e de todas as pessoas que trabalham nela. Na Grettacole, não cuidamos apenas de cabelos. Oferecemos uma experiência integrada de beleza e moda, e, por ser o único lugar a fazer isso, os membros da equipe e os clientes precisam ser informados. Tento gerenciar a empresa como uma família, pois a maioria de meus funcionários está comigo desde o início e me ajudou a desenvolver valores e sistemas que nos tornaram bem-sucedidos.

Como você transmite sua visão e sua cultura aos funcionários?
No início, eu liderava apenas dando o exemplo. Eu tocava a todos. Treinava todos os membros da equipe e me encontrava com todos os clientes, cuidando para que as necessidades destes fossem atendidas e que todos na equipe, da recepcionista em diante, lhes oferecessem a "experiência Grettacole". Percebi que esse sistema de "estrela" não era escalonável e tive de encontrar maneiras diferentes de comunicar os valores Grettacole a 110 funcionários em seis lojas, além de centenas de clientes. Eu tive de abortar a missão rapidamente. Ofereci aos membros de minha equipe principal a oportunidade de se tornarem líderes. Pedi que deixassem de lado o medo do abandono e os incentivei a assumir um papel de liderança e a subir a escada corporativa comigo, porque há muito espaço no topo. Mas, mais importante, precisei convencê-los de que havia valor na empresa sem a estrela e a construção da marca. Eles tiveram de confiar no treinamento que lhes dei durante anos e agarrar a oportunidade de crescer. Conforme foi passando o tempo sem eu estar no salão, eles perceberam que podiam continuar seguindo os padrões que desenvolvemos juntos. Como presidente e porta-voz, posso monitorar, apoiar, ensinar e demonstrar, mas não posso pegar na mão de cada um.

Como as coisas mudaram para você e para os negócios?
Tenho orgulho de dizer que o negócio continua crescendo e prosperando. A mudança mais drástica aconteceu na maneira de nos comunicarmos uns com os outros. Eu sempre trabalhei frente a frente, lado a lado com meus funcionários, por isso fazer essa comunicação por meio de *e-mails* e do telefone foi uma mudança enorme. Agora dependemos do computador para gerenciar nossa agenda, e a comunicação com membros da equipe que estão conosco há mais tempo é feita quase estritamente por *e-mail*. Eu estava em Milão vendo coleções para a Gretta Luxe quando recebi um *e-mail* de uma de minhas assistentes com a informação de que uma das pessoas mais antigas de minha equipe, Julie Deane, pararia de trabalhar, pois seu filho havia sido diagnosticado com câncer. Pensei: "Que pena! Estou recebendo essa notícia terrível por *e-mail*". Escrevi de volta dizendo que sentia muito e que eu poderia retornar no dia seguinte se

precisassem de alguém para ficar no lugar dela. A dura realidade é que não existe equilíbrio na vida, apenas imprevistos. Eu não estava lá, pessoalmente, para ajudar minha amiga. Conversei com ela por telefone e ela me disse que eu deveria ficar e trabalhar, que estava tudo bem e que me mandaria notícias por *e-mail*. Felizmente, seu filho teve uma recuperação incrível. O que percebi com tudo aquilo foi que não vinha me comunicando pessoalmente com ela havia algum tempo. Na Grettacole, nunca interrompemos um estilista quando ele está com um cliente, por isso, quando eu ligo na loja, Julie raramente tem tempo de conversar comigo. Sempre trocamos *e-mails* sobre assuntos de trabalho, e agora começamos a trocar *e-mails* sobre assuntos pessoais. Tragicamente, alguns dias depois, minha mãe morreu inesperadamente, enquanto dormia. E Julie ficou do meu lado, com *e-mails*, telefonemas e apoio. Tenho muita sorte. Comecei a empresa, quero que ela cresça. Assumi as várias horas de trabalho e os sacrifícios, mas somente por ter pessoas me ajudando consegui atingir meus objetivos e meus sonhos. Sempre tento me lembrar disso. Aprendi, nos momentos difíceis, que a vida é preciosa e as pessoas são a coisa mais importante. Sim, continuarei trabalhando muito e atingindo meus objetivos, mas nunca trocarei meus relacionamentos por nada. Já vi muitos diretores e artistas se fecharem cada vez mais dentro de si mesmos. Eles criam seus próprios "sistemas de estrela" e se esquecem de que seu bem mais precioso são os funcionários. A verdade é que é muito mais fácil cuidar de cabelos. Recebemos elogios dos clientes no mesmo instante, podemos ganhar dinheiro e só nos preocupamos com nós mesmas. Mas isso não é formar um negócio, um negócio que possa oferecer bem-estar a muitas pessoas. Meu sonho é que a disciplina que agora demonstro seja válida para todos no futuro, e o empreendimento seja uma marca sustentável, de alta qualidade e grande integridade, do qual teremos orgulho de fazer parte nos anos que estão por vir.

9
As políticas do escritório são um grande problema

ENFRENTANDO PORTAS FECHADAS, SUSSURROS E FOFOCAS DE CORREDOR

Nós sabemos. Pensávamos ter deixado esse comportamento para trás, na época do colégio. Acreditávamos ter crescido e superado as punhaladas pelas costas e as fofocas, mas todas nós sabemos que aquela troca de bilhetinhos e as reputações arruinadas eram apenas um ensaio para o grande *show*.

A revista *Glamour* se uniu ao *site* <www.lawyers.com> para fazer uma enquete que revelou que 75% das mulheres dizem que somos mais duronas com outras mulheres do que com os homens no escritório. De todas as instituições sociais em que nos formamos, o ambiente de trabalho pode ser o pior tipo de incubadora para o comportamento ruim, maldoso e invejoso, e tudo isso resulta na forma mais baixa de política.

Não deveria ser assim, e as mulheres gerentes podem mudar o tom e a cultura do ambiente de trabalho atual. A era do "clube do Bolinha" está chegando ao fim. De acordo com o Center for Women's Business Research, 28% das mulheres agora recebem um salário mais alto que o do marido. E as mulheres hoje representam 50% nas turmas de graduação em cursos de advocacia, medicina e programas de MBA.

Em 2000, a executiva da CNN Gail Evans escreveu um livro inovador que se tornou *best-seller*, chamado *Nos negócios, jogue como homem, vença como mulher*. No livro, Evans apresenta sua teoria: as mulheres não estão na posição mais alta porque ainda não aprenderam o jogo. Ela acreditava que o jogo dos negócios é jogado em um campo no qual os homens se sentem à vontade desde muito jovens. Ela escreveu:

> É um jogo no qual vencer é o objetivo óbvio (e único) e a agressão, a autopromoção, a proteção e uma boa demonstração de poder são os sinais de um vencedor. As mulheres, por outro lado, entram no jogo em desvantagem, pois aprenderam a ser colaboradoras, e não competitivas, a aproveitar o processo, e não somente o resultado, e a procurar aprovação, em vez do sucesso.

Em seu livro, Evans propõe a busca pela igualdade ao instruir as mulheres sobre como os homens atuam, para que elas possam derrotá-los no jogo deles.

Três curtos anos depois, Evans escreveu um segundo *best-seller*, *She Wins, You Win: The Most Important Strategies for Making Women More Powerful*, no qual aconselha as mulheres a mudar o "clube do Bolinha", colocando em prática o "clube da Luluzinha". Ela percebeu que não adianta jogarmos como homens, mas temos de vencer como mulheres, e juntas. "Sempre que uma mulher vence nos negócios, as chances de todas as outras mulheres vencerem aumentam. Sempre que uma mulher fracassa nos negócios, as chances de todas as outras mulheres fracassarem aumentam."

Como a afirmação de Gail Evans demonstra, em pouco tempo o poder e os números das mulheres mudaram as regras no local de trabalho, mas não se engane, o jogo continua. E é melhor que você conheça as regras. Brincar de política toma tempo e energia, que poderiam ser empregados na realização de objetivos, e atrapalha os esforços que você e sua equipe fazem, mas às vezes não há como evitar o jogo.

O mundo fora de seu escritório:
o que são políticas de escritório e por que elas são chatas

Confrontos de personalidade. Competição dentro do departamento. Puxar o saco do chefe. Fofocas. Agir de uma forma com sua equipe e de outra com sua administração. Esses são apenas alguns exemplos de políticas de escritório. As políticas de escritório são um problema em crescimento, como ficou evidenciado no estudo de 1998 da Accountemps publicado na *Talent Scout*: "Dezoito por cento do tempo de um administrador – mais de nove semanas por ano – é gasto na resolução de conflitos entre funcionários".

Gerentes e funcionários que gastam mais tempo fazendo política estão gastando menos tempo com seu trabalho – causando problemas à produtividade e, às vezes, ao produto final. A política não é apenas um fenômeno de empresas grandes. Entrevistamos muitos trabalhadores do varejo e de restaurantes (sem falar das diversas mensagens e reclamações que vimos em *sites* de anúncios de emprego e em *blogs*) que reclamavam que os membros da equipe "mais amigáveis" com os chefes recebiam as melhores posições e os melhores horários. Os chamados "cachorrinhos do chefe" eram mantidos em um nível diferente dos outros funcionários, e isso gerava problemas. É impossível não gostar de algumas pessoas mais do que de outras, mas, como gerente, sua responsabilidade é ter certeza de que sua equipe possui as ferramentas e o ambiente necessários para realizar o trabalho.

Terry Bragg gerencia uma empresa chamada Peacemakers Training, em Salt Lake City, e trabalha com empresas para criar um ambiente profissional em que as pessoas queiram trabalhar e com chefes que queiram que seus funcionários trabalhem melhor em grupo. Em um artigo de 2004 para a revista *Occupational Hazards*, ele ofereceu "Nove estratégias para uma política de escritório bem-sucedida":

1. Seja gentil com todos. Não acredite na idéia de que "os bonzinhos ficam por último". Na política empresarial, os bonzinhos ajudam a

criar relacionamentos de apoio a outras pessoas. Pessoas intimidadoras e duronas criam inimigos, e inimigos tornam sua vida um caos, pois resistem a suas ordens e sabotam seus pedidos. Seja sinceramente gentil com todos, e não apenas com as pessoas que você acredita que podem ajudá-la. As pessoas se ressentem da falsidade.

2. Seja uma ajudante da equipe. Uma ajudante da equipe colabora para que o grupo e outras pessoas atinjam seus objetivos. Seja uma estrela fazendo outras pessoas se destacarem, em vez de pegar o mérito dos trabalhos delas.

3. Não reclame. Fique conhecida por sua capacidade de resolver problemas. Qualquer pessoa pode se queixar de um problema, mas é preciso ser um funcionário muito bom para impedir um contratempo ou para resolver uma questão problemática. Os colegas de trabalho se ressentem de pessoas que reclamam o tempo todo.

4. Mostre-se. Não há como se destacar se você ficar se escondendo. Você deve estar envolvida na empresa, e as outras pessoas precisam reconhecê-la como uma colaboradora valiosa no trabalho. Comprometa-se a resolver problemas importantes. Em épocas de redução no quadro de funcionários, muitos empregados ficam chocados ao descobrir que perderam o emprego porque a administração da empresa não sabia se eles contribuíam com a organização. Não basta que você faça um bom trabalho. É preciso que as outras pessoas lhe dêem créditos pelo bom trabalho e a reconheçam como uma colaboradora de qualidade.

5. Ajude seu chefe a ter sucesso. Isso tem a ver com ser um membro da equipe. É também uma estratégia muito inteligente, porque seu chefe é uma das peças principais para ajudá-la a ser promovida e serve de intermediário entre você e a administração. Se você tiver um relacionamento positivo com seu chefe, é mais provável que ele a ajude em sua carreira e em seu progresso. Algumas pessoas podem detestar seus superiores, e uma delas pode ser você. Bem, supere essa questão. Você vai ter mais dificuldade em vencer a política do escritório se resolver declarar abertamente guerra contra seu superior. Lembre-se, ele provavelmente tem aquele cargo e poder porque conhece um pouco da política de escritório. Você não precisa ser o famoso puxa-saco do chefe, mas

deve procurar manter um bom relacionamento com ele. Se não concordar com a opinião de seu chefe, converse com ele em particular. Tome muito cuidado para não colocá-lo em uma situação difícil em público ou na frente de seus superiores ou funcionários. Você não quer que ele se volte contra você.

6. Seja leal. Evite fofocas e punhaladas pelas costas. Seus colegas de trabalho vão ajudá-la se acreditarem que você pode ajudá-los. Para obter lealdade, demonstre lealdade.

7. Seja boa no que faz. Desenvolva sua especialidade e sua competência. Cumpra o horário e trabalhe com afinco. Para sobreviver no local de trabalho, é preciso trabalhar direito. Se as outras pessoas perceberem que você não gosta de trabalhar, não vão apoiá-la. Além disso, ficarão ressentidas se você for promovida antes delas.

8. Atenção aos modos. Seja educada e gentil. Evite ser sarcástica ou rebaixar as pessoas. Procure sempre ser agradável.

9. Elogie as outras pessoas. Já falamos sobre isso, mas vale a pena repetir. As pessoas vão ajudá-la se acreditarem que você pode fazer com que se sintam bem. Ficarão ressentidas se você assumir o mérito pelo trabalho que elas realizaram. Dê os méritos aos outros. Elogie-os com sinceridade. Ajude-os a se mostrarem importantes e bem-sucedidos diante das pessoas que lhes são importantes.

Bruxa boa ou bruxa má?

NEM SEMPRE É JUSTO: ALGUMAS BRUXAS MÁS CHEGAM AO TOPO
Jane e Sarah são duas das mais habilidosas vendedoras de Chicago e trabalham para uma das principais empresas da indústria. Freqüentemente ultrapassam seus objetivos de vendas e são adoradas pelos clientes e por outros departamentos. Infelizmente, elas se sentem mal, e por um motivo. Elas trabalham para uma chefe que é uma bruxa má e que sempre infringe as leis deste livro.

- Ela sempre escuta as conversas escondida e critica o conteúdo delas. Quando Jane e Sarah estão em um telefonema pessoal, a chefe sai da própria sala, entra na delas e fica batendo o pé e olhando para elas até desligarem.

- Ela exige que Jane e Sarah lhe mandem uma cópia oculta dos *e-mails* que trocam com clientes externos, para que saiba exatamente o que está sendo dito. Demonstra desconfiança e desrespeito e faz com que elas pensem duas vezes antes de fazer qualquer coisa.
- Ela grita regularmente e sem razão aparente.
- Ela assume os méritos pelos trabalhos delas diante dos superiores e geralmente numa reunião em que elas estão presentes.
- Ela culpa os funcionários quando as coisas dão errado e nunca assume a responsabilidade.
- Ela não tem absolutamente nenhum controle sobre o orçamento e o gerenciamento de custos, e nunca analisa a situação geral. Ela sempre perde as estribeiras se determinado ponto do orçamento precisa ser aumentado, mesmo que outro seja reduzido e deixe a conta equilibrada.
- Ela subestima a opinião das funcionárias diante de clientes, assistentes, consultores externos, mensageiros ou qualquer pessoa do mundo, exceto seus superiores, é claro.
- Duas excelentes (confiáveis, espertas e simpáticas) assistentes de departamento ficam do lado de fora do escritório da supervisora de Jane e Sarah. Ela não gosta da maneira como falam ao telefone, pois são simpáticas demais. Ela envia *e-mails* a Jane e Sarah pedindo que sejam menos simpáticas ao telefone. "Elas não precisam ser tão meigas. É perda de tempo."

A supervisora de Jane e Sarah foi promovida recentemente e passou a receber mais responsabilidade. Além de todas as coisas que elas listaram anteriormente, sua chefe é mestre em política. Tem um talento insuperável para a sobrevivência e colocou suas necessidades e metas acima de tudo, o que até agora tem dado certo para ela. Seus superiores decidiram fazer vistas grossas, porque o departamento continua produzindo. Acreditamos que seu mau comportamento como chefe ainda lhe trará problemas. Esperamos apenas que não seja tarde demais para Jane e Sarah.

O guia da fofoca

Neste livro, entrevistamos especialistas a respeito de cada assunto que abordamos. Incluímos histórias reais deles e de outras pessoas. Kim é a pessoa mais experiente do mundo em fofoca no ambiente de trabalho – é excelente no assunto, já foi prejudicada por fofocas, já as usou para seu benefício e quase foi demitida por causa delas no início de sua carreira. Nunca foi uma fofoqueira maliciosa, mas tem talento. Ela se lembra de pessoas, rostos e lugares e tem uma excelente capacidade de unir as partes de uma história quando alguém lhe conta alguma coisa. Consegue prestar atenção e tomar parte em diversas conversas ao mesmo tempo e, quando trabalhou como telefonista, nos dias anteriores às mensagens de voz, atendia a telefonemas para trinta pessoas diferentes e ficava sabendo de fatos a respeito delas: quem eram seus amigos e namorados, o que gostavam de comer no almoço, onde faziam ginástica, quem eram seus cabeleireiros, psicólogos e outras coisas. Ela era simpática e gostava de conversar, e às vezes passava informações inapropriadas. Agora é uma fofoqueira arrependida, e aqui está seu Guia de Fofocas no Ambiente de Trabalho, que ela aprendeu com muito custo:

- Mantenha segredo. Não é fácil, mas, quando souber de alguma coisa, não conte a ninguém.
- Satisfaça sua vontade de fofocar falando sobre celebridades. Nossa maneira favorita de liberar a pressão e fofocar é conversando sobre celebridades – vamos encarar a verdade, as histórias delas são sempre mais interessantes do que as de nossos colegas ou chefes.
- Estabeleça alguns limites e os respeite. Não é preciso contar todos os detalhes de sua vida pessoal. Se você não sabe sobre o que estamos falando, reveja a seção do capítulo 4 que fala sobre estabelecer limites.
- Espalhar notícias positivas não ameniza o problema. Lembre-se, não é da sua conta. Se alguém de sua equipe ou sua chefe diz que está grávida, você não deve passar adiante esse tipo de informação.

- Se alguém lhe contar alguma coisa, entenda que essa pessoa não quer que você passe a informação adiante.
- Ser confiável pode ser seu maior trunfo. Se você for uma pessoa de confiança na empresa, receberá mais responsabilidade, mais informação e mais poder.
- Nunca cite nomes em público. Para essa dica, damos o crédito ao marido de Caitlin, Andrew. Você nunca sabe quem está a seu lado em um restaurante, em um avião ou no jogo de futebol de seu filho.
- Informação é mercadoria, mas você não deve tratá-la dessa maneira.
- Se escutar alguma informação, não a passe adiante. Lembre-se de que pode não ser verdade.
- Evite palavras negativas. Reclamar não melhora as coisas e geralmente as torna piores.
- Se souber como melhorar alguma coisa, conte a outras pessoas. Criar um burburinho positivo pode ser muito benéfico para a empresa.
- Se planeja compartilhar alguma coisa com uma pessoa, sob hipótese alguma escreva (nada de *e-mail*!). Nunca. Use o telefone. Quando você escreve algo, não há como negar sua autoria. Palavras escritas e *e-mails* podem ser passados a outras pessoas e nunca podem ser negados. Acredite no que estamos dizendo: proteja-se, evitando passar a fofoca para o papel.
- Se sua função na empresa a coloca em contato com informações financeiras ou confidenciais, mantenha segredo. Por muitos motivos. Você pode prejudicar pessoas e a empresa, e será despedida por quebrar a confiança.

Não namore: é a lei

Descobrimos que as mulheres se encaixam em duas categorias com relação ao namoro no ambiente de trabalho: aquelas que namoram e aquelas que não namoram. O exemplo que demos no capítulo 2 foi muito útil. Courtney era contra namorar colegas fuzileiros; Angela namorou um (que não estava sob seu comando) e acabou se casando com ele. Caitlin namorava colegas de escritório. Na verdade, ela se casou com seu chefe de um antigo emprego. No entanto, se pudesse fazer tudo de novo, provavelmente tentaria evitar namorar no ambiente de trabalho. Para continuar seu relacionamento, ela teve de encontrar um novo emprego. Quando sua equipe descobriu, ela foi instantaneamente rejeitada.

Pense duas vezes antes de se envolver com um colega, e é melhor evitar namorar o chefe, principalmente se ele for casado. Você pode achar que isso é uma questão de bom senso, mas acontece o tempo todo. Também é importante lembrar que é pequena a aceitação pela sociedade das mulheres que namoram no ambiente de trabalho ou traem o marido. Se você quer tentar namorar o chefe, é melhor avaliar se vale a pena. Suzy Wetlaufer conseguiu fazer com que seu ex-chefe, Jack Welch, abandonasse a esposa e se casasse com ela, mas também perdeu o emprego e teve de suportar os comentários nos jornais e nos programas de televisão durante meses.

Certo, você decidiu não namorar no ambiente de trabalho. Então deveria decidir não fazer piadinhas sobre isso também. Quando perguntamos a Laurie Malkin, nossa advogada e consultora de direito trabalhista, se é perigoso fazer brincadeiras com conotação sexual, ela nos deu a seguinte resposta, longa e assustadora: "É *absurdamente* perigoso. Um local de trabalho que inclua piadas sobre sexo pode ser considerado 'um ambiente hostil' segundo as leis federais, estaduais e regionais que proíbem o assédio sexual. Apesar de uma simples piada com conotação sexual não tornar um funcionário culpado por assédio, um ambiente onde haja tal conduta, principalmente quando gerentes e supervisores adotam esse comportamento, pode causar problemas. As mulheres podem ser acusadas de assédio sexual tão facilmente quanto os homens. Tanto as mulheres quanto os homens podem ser acusados de assediar sexualmente uma pessoa do mesmo sexo, por isso as piadas entre 'as meninas' também podem causar problemas perante a lei. Supervisores e diretores podem, em muitos casos, ser vistos como responsáveis por assédio ilegal e discriminação. Isso quer dizer que a pessoa que move uma ação contra outra pode conseguir a apreensão de saldo bancário, casa, propriedade particular, futuros ganhos etc., se ficar provado que ela foi prejudicada. Por fim, saiba que, mesmo que a chefe vença o processo, ela pode perder a guerra – poucos empregadores ficam do lado de suas funcionárias quando descobrem que elas tiveram comportamento impróprio ou ilegal. Isso destrói a imagem e os relacionamentos nos negócios".

Administrando seu chefe

Como funcionária, diante de um ambiente altamente político, você pode fazer algumas coisas para tornar a vida mais fácil para você e para seu supervisor. Muitos chefes, ao partilharem suas experiências, acabam, sem perceber, partilhando suas frustrações a respeito de seus funcionários. Assim como a comunicação, a frustração é uma via de mão dupla. Nós pegamos todas as frustrações, colocamos algumas nossas e criamos uma lista de coisas que vão ajudá-la a ser uma funcionará melhor. Se você fizer sua parte, garantimos que será mais bem gerenciada.

- As coisas não giram a seu redor. Você não é mais importante do que os outros e não deve ser o centro das atenções. Analise sua função e tente ver, além de seus próprios desafios, os de seu chefe.
- Tome conhecimento dos desafios de seu chefe e ajude a resolvê-los. Se você ficar conhecida como uma pessoa que resolve problemas, seu chefe lhe dará mais responsabilidade e melhores tarefas, além de uma promoção mais rápida.
- Seja útil. Se vir uma coisa que precisa ser feita, faça-a. Uma atitude do tipo "Isso não é minha função" não vai levá-la a lugar nenhum com seus superiores.
- Conheça a agenda de seu chefe e tente trabalhar respeitando prazos. Por exemplo, se você sabe que ele tem uma reunião semanal com os supervisores em determinado dia, comunique-lhe suas realizações e seus desafios um dia antes.
- Seja leal. Se seu gerente a trata de modo justo e incentivador, você lhe deve lealdade.
- É bom ter um pouco de iniciativa. Todas as chefes com quem conversamos disseram preferir funcionários que se arriscavam e erravam àqueles que sempre esperavam e pediam instruções.

- Conheça a ordem das coisas. Se você for uma funcionária nova, é possível que não saiba nada. Não se preocupe, todas nós passamos por isso.
- Se estiver infeliz, fale. Seja específica a respeito dos problemas que está tendo e tente estabelecer uma conversa apresentando algumas soluções.

O caminho menos percorrido

Isso é bem chato e nunca é fácil. No entanto, o melhor conselho que podemos lhe dar para que você obtenha sucesso na política do escritório é pegar o caminho mais rápido. Se alguém perto de você está sendo negativo, fique calada. Se alguém lhe contar uma fofoca cabeluda, não a passe adiante. Se os horários no escritório são tão flexíveis que a maioria das pessoas se atrasa, seja pontual. Mantenha relações amigáveis com todos, mesmo que não goste deles.

A palavra
ELIZABETH SPIERS, ESCRITORA
E EX-EDITORA-CHEFE DO MEDIABISTRO.COM

Como editora do gawker.com, um *weblog* sobre "os temas mais sombrios de Manhattan: brigas entre classes como esporte recreativo, a obsessão patológica pelo *status* e a aceitação total, completa e não-apologética da decadência", Elizabeth se tornou uma celebridade. Ela ganhou os títulos de Pessoa de Destaque da *Women's Wear Daily's* em outubro de 2004 e Melhor Fofoqueira da *Village Voice* (Melhor de Nova York) em 2003. O site Gawker foi indicado à "IT List" de 2003, da *Entertainment Weekly*, foi um dos 50 Melhores Websites de 2003 da *Time*, o Melhor Blog de Imprensa de 2003 da *Forbes* e O Melhor do Gênero da New York New Media Association.

Elizabeth era a editora-chefe do mediabistro.com, um *site* cuja missão é "oferecer oportunidades (tanto *on-line* quanto *off-line*) para que as pessoas se encontrem, compartilhem recursos, tomem conhecimento de oportunidades de emprego e projetos interessantes, melhorem suas habilidades na profissão e mostrem seus trabalhos". Ela também colaborou, como escritora e editora, com a revista *New York* e é escritora *freelancer* de diversas publicações. Seu currículo inclui experiência como analista financeira focada em tecnologias de baixa capitalização e capital de risco em estágio inicial. Atualmente está escrevendo um romance. Ela esteve na linha de frente da nova imprensa, trabalhava com a imprensa tradicional e tem experiência em Wall Street. Elizabeth conta o que pensa a respeito de *blogs* e políticas de escritório:

- As pessoas arriscam perder o emprego escrevendo em *blogs* sobre o trabalho pelo mesmo motivo que escrevem em qualquer outro lugar a respeito do trabalho: ele toma metade do tempo que você passa acordada. As pessoas que se arriscam nessa tarefa dizem a si mesmas que isso não tem importância ou que seu chefe não vai descobrir.
- Talvez por eu sempre ter sido boa em política de escritório, não acho que há um "problema" a ser resolvido. Existe hierarquia em todos os aspectos da vida, isso não vai mudar, então aprenda a conviver com ela. Diferentes tipos de ambiente de trabalho têm diferentes tipos de problema. As coisas que tornavam minha vida difícil quando eu era analista financeira não são as mesmas que tornam minha vida difícil na indústria da mídia.
- Trabalhar no Gawker era essencialmente o mesmo que trabalhar como escritora *freelancer*. Eu trabalhava em casa e ninguém me dizia o que fazer. Trabalhar com mídia tradicional para a revista *New York* (embora, para falar a verdade, eu também cuidasse de um *blog* para eles) era como ter um emprego de oito horas diárias. A diferença era que, por se tratar de uma revista, o trabalho era menos rigoroso burocraticamente do que, por exemplo, um emprego na área de finanças ou consultoria. É uma busca criativa e é algo muito mais fácil, profissionalmente. Eu gostava mais do ambiente da revista, porque estar rodeada de outras pessoas era mais estimulante do que ficar sozinha no sofá o dia todo com meu *laptop*. Eu podia aprender com outras pessoas. A Mediabistro me oferece uma função mais parecida com a de uma empresa "eletrônica", mas meu trabalho, em particular, é mais parecido com o que eu fazia na revista do que com o do Gawker. Fico no escritório o dia todo, gerenciando outras pessoas, repassando e editando histórias etc.
- Os limites entre amiga e editora são muito relaxados em minha experiência. Eu me reúno socialmente com muitos de meus editores antigos

e atuais, e muitos de meus *bloggers* e escritores *freelancer* se tornaram meus amigos pessoais. Só é preciso ser rigorosa com o estabelecimento de limites, e, se houver algum tipo de conflito, você precisa ter certeza de que os funcionários compreendem que você está fazendo o melhor para ser amigável (e eles podem entender isso com mais facilidade, devido ao relacionamento pessoal), mas que você tem seus próprios requisitos de trabalho. Quando estiver em dúvida entre o pessoal e o profissional, a regra geral é não contratar amigos, a menos que você seja capaz de demiti-los, se for preciso.

Vá em frente e escreva um *blog*: você simplesmente pode ser demitida por isso

Já dissemos que você pode ser despedida por namorar o chefe ou por chegar atrasada. Isso parece bastante óbvio em comparação com o mais novo motivo para demissão: escrever sobre seu ambiente de trabalho em *blogs*. Poucas pessoas conseguem transformar seus *blogs* em negócios rentáveis, como livros e filmes. Por isso, é bem provável que o que funcionou com Jessica Cutler – autora de *The Washingtonienne* e famosa blogueira, que foi demitida da sala de correspondências do escritório do senador Mike DeWine após contar sua experiência de trocar sexo por dinheiro com políticos de destaque em Washington – não funcione com você. Como ela mesma disse em uma entrevista para o *Washington Post*, quando o escândalo veio à tona, "Eu tinha meu *blog* havia menos de duas semanas. Algumas pessoas com *blogs* nunca ficarão famosas, e elas escrevem neles há mais de um ano. Eu sinto muito por elas".

Quanto a você, que não está escrevendo em seu *blog* sobre o dinheiro que recebe para fazer sexo com políticos, mas apenas reclamando que seu chefe e seus colegas de trabalho são folgados e irritantes, preste atenção. Você pode ser e provavelmente será demitida, se alguém de seu trabalho ficar sabendo. De acordo com um artigo publicado em 2005 no *USA Today*, "Delta Air Lines, Google e outras grandes empresas estão demitindo e advertindo funcionários devido ao que eles contam a respeito de seu emprego em *blogs*, que são *sites* pessoais que geralmente misturam comentários francos, desabafos e relatos".

Os *blogs* estão em toda parte. Segundo um relatório divulgado em 2004 pela empresa de relações públicas Edelman and Intelliseek, provedora de soluções inteligentes para negócios, cerca de vinte mil novos *blogs* são criados todos os dias, e estimou-se que dez milhões de *blogs* existiam nos Estados Unidos no fim de 2005. Juntos, esses *blogs* se relacionam e criam o que é conhecido como blogosfera, uma conversa coletiva na Internet que é uma das áreas de conteúdo novo que mais cresce na *web*.

"Blogar" sobre o ambiente de trabalho pode ser algo assustador. Funcionários que criam *blogs* estabelecem uma maneira direta de falar com o público sobre seu trabalho, porque clientes e consumidores podem encontrar um desses *blogs* por acaso com uma simples e inofensiva busca no Google. E não é esse o objetivo? Você não está escrevendo para si – pois isso poderia ser feito de modo privado –, mas para que outras pessoas leiam. E, se outras pessoas lerem sobre incompetência no seu ambiente de trabalho, sobre assuntos internos do escritório ou sobre novos projetos nos quais você está trabalhando, você pode colocar seu emprego e seu empregador em risco.

Como os *blogs* são ferramentas recentes, ainda não foram criadas leis sobre eles, e as empresas estão apenas começando a incluí-los em sua política.

Recomendamos que você tenha bom senso quando quiser "blogar".

- Não reclame nem fale mal das pessoas que trabalham com você, tampouco escreva qualquer coisa desrespeitosa sobre elas.
- Não escreva sobre sua vida sexual, sobre suas bebedeiras ou sobre o uso de drogas. Muitos empregadores têm "cláusulas de moral", e, se você as infringir, mesmo que seja fora da empresa, será demitida.
- Não pense que você está protegida pelo anonimato. Quanto mais intrigante seu *blog* for, mais as pessoas tentarão descobrir quem o escreve.
- Não escreva sobre os projetos nos quais está trabalhando – isso pode ser considerado informação sigilosa.

É claro que, se você não pode "blogar" sobre nenhum dos assuntos mencionados, pode não haver motivo para ter um *blog* – e é esse o caminho mais seguro.

Conversa de mulher
FRANKE JAMES

Franke James descreve a si mesma como artista/inventora/escritora e é fundadora do <www.office-politics.com>. Desde 1997 ela desenvolve produtos novos e criativos, que vão de jogos a desenhos animados. Desenvolve jogos "psicológicos" de Internet leves e satíricos. O *site* sobre política de escritório foi criado em 2000 como um lugar no qual as pessoas podiam encontrar informações, conselhos e entretenimento a respeito de política de trabalho. Os leitores adoram a coluna de conselhos, e ela recebe milhares de mensagens de todas as partes do mundo e de todos os tipos de empresa. Para lidar com o volume, ela conta com uma lista cada vez maior de autores, consultores executivos e especialistas em ética. Seu mais novo projeto é o jogo Office-Politics®. Franke nos conta sua experiência com as políticas de trabalho.

Qual é o dilema mais comum que você ouve?
Ninguém dá valor a tudo que faço.

No jogo Office-Politics®, muitas das situações que você apresenta são bem mais sérias do que as políticas de escritório. Você aborda assédio, crimes de colarinho-branco e diversas situações éticas básicas. Quais parâmetros devem ser colocados na questão política de escritório/ofensas mais sérias?
A política de escritório envolve a cultura ética e os valores que todas as pessoas no escritório compartilham (ou que não compartilham!). Por isso, você tem de perguntar a si mesma quais são os valores mais importantes de seu trabalho. Você se encaixa? Existe algum incentivo para que haja sinceridade e receptividade, ou a regra não dita é a de mentir, enganar e ameaçar? Dependendo de quem você é e de quais são seus valores, você

vai se sentir um peixe fora d'água em um escritório e vai nadar feliz em outro. Obviamente, na maioria dos escritórios a coisa não é tão simples – existe uma enorme escala, mas é a velha subida escorregadia. É certo mentir quando a secretária executiva está encobrindo falcatruas do chefe? É certo mentir quando inspetores de segurança chegam para investigar um problema de contaminação, pois, caso contrário, haverá uma grande desvalorização no preço das ações? É certo pagar propinas porque é assim que as coisas funcionam neste país? E por aí vai. Vejo as políticas de escritório englobando todos os assuntos morais, éticos e comportamentais encontrados no ambiente de trabalho. Isso tem a ver com a natureza humana. As políticas familiares e escolares compartilham grande parte da mesma dinâmica.

É possível ter sucesso nos negócios sem jogar politicamente? Em caso afirmativo, você tem sugestões para que as mulheres minimizem a visão política?

Não há como escapar da política de escritório. Mas é possível aprender o jogo. Todo mundo tem sua hora. A percepção faz toda a diferença. É muito melhor compreender como e por que as pessoas estão manipulando fatos e/ou eventos para conseguir o resultado desejado. A política de escritório não é um mal necessário. É um fato da vida, e o melhor que todos temos a fazer é aprender a lidar com ela e a usá-la para nosso benefício. As pessoas têm de fazer perguntas a si mesmas o tempo todo, como, por exemplo: Em que ponto minhas necessidades são diferentes das necessidades da empresa? Elas estão em sincronia? Como posso alcançar meus objetivos profissionais e ao mesmo tempo beneficiar a empresa? Para quem preciso vender minha idéia dentro da empresa para fazer com que mudanças positivas aconteçam? Quem pode atrapalhar minha idéia? E várias outras perguntas.

Até que ponto é preciso tolerar uma situação antes de levá-la ao conhecimento de seu supervisor ou do Departamento de Recursos Humanos?

Use o bom senso. Obviamente, se for um assunto insignificante (por exemplo, quem tem a melhor cadeira, as melhores datas de férias etc.), você tem de esquecê-lo para não ser vista como uma pessoa medíocre. Mas, se for algo ilegal ou um caso de assédio – sexual ou psicológico –, não espere. A vida é muito curta e o preço pago pelo estresse é alto demais para suportar um problema que esteja prejudicando você ou um colega.

Quais são as três coisas que nunca devem ser feitas pelas mulheres no ambiente de trabalho?

1. *Não reclame de coisas sem importância.* Escolha suas batalhas para que não fique parecendo uma criança birrenta. Muitos chefes não querem a responsabilidade de decidir quem está certo e quem está errado. Eles geralmente são impacientes e podem demitir tanto o inocente quanto o culpado.
2. *Não faça nada que você não gostaria de ver estampado na primeira página do jornal.* É um conselho antigo, mas bom, principalmente na era dos celulares com câmeras fotográficas!
3. *Não misture trabalho e romance.* Isso é bem difícil para muitas pessoas, afinal de contas passamos mais tempo com os colegas de trabalho do que com nosso cônjuge. Se sucumbir à tentação, tenha um bom plano de fuga.

Existem estratégias que nós, como chefes, devemos adotar para deter as políticas antes de elas começarem?

As chefes precisam contratar funcionários pela atitude, e não pela habilidade. É possível treinar alguém para aprender uma nova habilidade, mas é incrivelmente difícil mudar seu jeito de ser (bem, talvez uma lavagem cerebral funcionasse, mas é incerta). As atitudes preparam o palco para a cultura da empresa. As contratações devem refletir a cultura ideal da empresa. Isso ajuda a criar uma família grande e feliz, na qual as pessoas geralmente têm os mesmos valores, o mesmo senso de honestidade, sinceridade e diligência, e não são mentirosas, enganadoras etc. Isso acontece independentemente de você desejar construir uma cultura boa ou má.

10

Mandar sem ser mandona

LIÇÕES DE NEGÓCIOS QUE VOCÊ APRENDEU NA INFÂNCIA

Acredite se quiser, mas a maioria das pessoas aprende tudo que precisa saber sobre ser chefe com 5 anos de idade. Infelizmente, aqueles princípios básicos que se fixam sob o olhar cuidadoso de nossos pais e professores são perdidos quando entramos no mundo real. Os ensinamentos esquecidos, no entanto, são ótimas dicas para entrarmos como adultos no maravilhoso mundo do trabalho.

Você se lembra daquela menina alta que a ameaçava todos os dias durante o recreio? Talvez ela conseguisse pegar o dinheiro de seu lanche, mas nunca ganhou seu respeito. Lembre-se do garotinho que copiou seu trabalho na sala de aula. Talvez ele tenha tirado A em português, mas ficamos sabendo que foi despedido no ano passado por passar informações sigilosas. E aquele dedo-duro que a entregou para a professora quando você trocava bilhetes com as amigas na classe? Sim, ele é um juiz muito bem-sucedido, mas todos o detestam.

Compartilhar é cuidar

Você não atingiu seus objetivos de vendas, fechou um grande negócio ou tornou a empresa conhecida sozinha, não é? Diariamente, as pessoas de sua equipe unem talentos e trabalham juntas para conquistar metas profissionais. Sim, você direciona a equipe fazendo planos, respondendo a perguntas e resolvendo disputas. Mas seus funcionários ainda estão trabalhando, criando e contribuindo com a empresa, e você não vai conseguir inspirá-los a fazer nada disso bem se tratá-los como pessoas sem importância. É preciso que a chefe seja confiante para dar os méritos a quem merece. Nada consegue inspirar mais lealdade do que uma chefe que reconhece que não fez as coisas sozinha.

Além de compartilhar os créditos, as chefes competentes também têm de compartilhar as informações. Se você está ocupada, é mais fácil passar apenas partes das informações mais urgentes. Mas estará prestando um desserviço a sua equipe se não contar tudo. Ao delegar um projeto, diga a sua equipe como ele se encaixa nos objetivos da empresa. Se seu diretor decidiu lançar uma nova campanha ou um novo produto, conte a seus funcionários. Se alguém criticar o restaurante que você gerencia, conte aos garçons. A informação ajuda sua equipe a fazer um trabalho melhor a curto prazo (tarefas diárias) e longo prazo (estabelecimento de objetivos profissionais), e também a ajuda a planejar, crescer e pensar de modo mais abrangente.

Ela conseguiu!

Se a equipe comete um erro sério, a boa chefe leva a culpa. É assim que deveria ser. Seu poder e seu salário são mais altos do que os das pessoas que estão abaixo de você na escada corporativa por um motivo. É seu traseiro e, possivelmente, seu emprego que ficam em jogo quando um projeto dá errado. Levar uma bronca pode ser frustrante quando foi sua assistente que esqueceu a apresentação da noite anterior, mas isso vem no pacote. Imagine o que seu chefe pensaria se, ao receber uma crítica, você apontasse para sua assistente e dissesse: "Foi ela que fez!" Ao ajudar sua chefe em um evento, Ilene Kramer, assistente de uma grande organizadora de eventos, por engano encomendou quinhentos convites, e não cinco mil. Ao descobrir aquilo, sua chefe disse que era um grande erro, mas trabalhou com ela para resolvê-lo. Quando o cliente telefonou, ela o deixou gritar, pediu desculpas e se explicou em nome da empresa. Por ter protegido sua funcionária e se unido a ela para resolver o problema, a chefe obteve respeito e, ainda mais importante, lealdade. É preciso autoconfiança para levar uma bronca no lugar da equipe, mas saiba que, quando você assume a responsabilidade, seu chefe e seus subordinados a respeitam por isso.

A palavra
AMY COSTELLO, PROFESSORA DE JARDIM-DE-INFÂNCIA

Amy Costello é professora de jardim-de-infância e tem dois filhos. Perguntamos o que ela tenta ensinar às crianças que ficam sob seus cuidados e ficamos chocadas ao perceber quanto é possível aplicar esses ensinamentos ao ambiente de trabalho. Acreditamos que Amy seria uma ótima mentora empresarial e chefe.

- Se Jimmy fez algo que chateou Rachel, eu a incentivo a não conversar com outras pessoas sobre isso e a não guardar para si, mas a tratar do assunto diretamente com ele. Percebo que as crianças imediatamente vêm falar comigo ou com seus amiguinhos quando algo as magoa, mas raramente conversam com quem as magoou.
- Ensino as crianças a serem organizadas. Eu trabalho com elas para criar um lugar para todas as coisas, como tarefa de casa, blusa, boné e brinquedos. Tudo que fazemos nesse estágio tem o objetivo de estabelecer bons hábitos.
- Queremos que as crianças aprendam a assumir a responsabilidade por elas mesmas, pelo trabalho que fazem e pelo impacto que causam no mundo. A culpa recai sobre elas, por isso, se esquecem a lição de casa, não aceito que digam "Minha mãe esqueceu".
- Acredito ser muito importante que todas as crianças tenham um objetivo para alcançar. No início do ano escolar, eu me sento com cada uma delas e estabeleço um objetivo. Para uma, pode ser aprender a amarrar o cadarço, para outra, pode ser aprender a ler algumas pala-

vras. Isso faz com que elas fiquem centradas em alguma coisa, e a sensação de realização que sentem quando os objetivos são alcançados é algo maravilhoso para sua auto-estima.
- Elas precisam aprender a ser pontuais. Não queremos que algumas delas pensem que não há problema em se atrasar para chegar à sala ou para se reunir em grupos, por isso as ensinamos a olhar para o relógio.
- Eu tento ensinar a elas que uma atitude positiva conta muito. Fazemos uma brincadeira e durante um dia todo elas fazem suas coisas observando se o sorriso que dão às pessoas é retribuído. Quando elas percebem que quase todo mundo que encontram também sorri, compreendem que sua atitude influencia as pessoas ao redor.
- Queremos que elas compreendam que somos todos diferentes uns dos outros e que todo mundo tem qualidades. Incentivamos as crianças a trabalharem juntas para aproveitar suas qualidades ao máximo. Se Jonathan está tendo dificuldade em escrever, nós o colocamos sentado com Jennifer, que escreve muito bem. Se Jennifer está com dificuldade para organizar seu armário, pedimos a ajuda de Ethan, que é muito organizado.
- Nós as ensinamos a ter orgulho de seu trabalho, pedindo que refaçam o que estiver malfeito, ou se perceberem que podem fazer melhor.
- O único erro que elas podem cometer comigo é não tentar.

Não seja uma sabichona

Sim, é possível que você saiba a resposta e a melhor maneira de fazer as coisas. E, sim, suas idéias podem ser melhores que as de sua equipe. Mas e daí? É por isso que você tem um salário maior. Para fortalecer seus funcionários, você tem de escutá-los e fazer com que se sintam compreendidos. Nas sessões de *brainstorming*, anote as idéias deles, nas reuniões pergunte quais são suas opiniões e, nas avaliações, respeite seus pontos de vista. Se você reuniu um grupo de pessoas diversificado e inteligente para ajudá-la, a contribuição que elas darão só vai melhorar a proposta, a apresentação ou o desenvolvimento do novo produto. Lembre-se de que, se você pede idéias, ocasionalmente precisa implementá-las. Donna Lynn, enfermeira que trabalha num hospital da cidade, disse que sua supervisora pede mensalmente a opinião de todo mundo sobre como melhorar sua administração e os horários. Após alguns meses enchendo a "caixa de idéias" com o que todos consideraram excelentes sugestões, e percebendo que nenhuma era implementada, as enfermeiras desistiram. "Ficou logo claro que a administração estava apenas testando alguma coisa que havia lido em um livro qualquer. Eles não se importavam verdadeiramente com nossas idéias." Não fale apenas, é preciso agir: sua equipe vai perceber rapidamente.

Não tenha "duas caras"

Então sua chefe é uma megera terrível e incompetente, e você adoraria dizer isso a todos os seus conhecidos. No entanto, querer nem sempre é poder. Se você não gosta de sua chefe, procure uma maneira de fazer com que ela a trate melhor, ou peça demissão. São essas suas únicas opções. Ser uma pessoa negativa, que reclama da chefe para os funcionários, não é nada bom. Com essa atitude, você estará demonstrando a eles que é aceitável ser desrespeitoso, e reclamações contra você podem ocorrer também. Falar mal de alguém pelas costas pode fazer com que você perca seu emprego, porque, como no caso das fofocas, suas queixas podem chegar aos ouvidos da pessoa. Tão importante quanto isso é não falar mal de seus funcionários pelas costas. Suas opções são parecidas. Tente melhorar o relacionamento no trabalho (confira as dicas no capítulo 4, p. 88) ou demita o funcionário. O ato de falar mal de alguém pelas costas ocorre quando a pessoa não quer confrontar a outra. É uma atitude fraca e desonesta e não vai fazer com que as pessoas a seu redor tenham respeito por você.

Sempre diga a verdade, mesmo que doa

Você tem uma posição de honra como chefe e precisa respeitar o que essa função representa para as pessoas acima e abaixo de você. Sua chefe confia que você será sincera a respeito do que está acontecendo com sua equipe, sejam sucessos, sejam fracassos. Não minta a respeito de vendas que não foram feitas, de projetos que não foram terminados ou de funcionários que não foram avaliados. Se você for desonesta uma vez, sua chefe sempre vai desconfiar do que você disser. A mesma coisa ocorre com sua equipe. Seja honesta com seus funcionários a respeito do desempenho deles, transmita-lhes as opiniões dos clientes e conte se a empresa está alcançando os objetivos. Obviamente, não revele informações confidenciais, mas sempre diga a verdade. Mesmo que seja uma crítica, existe uma maneira profissional de apresentá-la aos funcionários. Dizer a verdade às vezes é mais difícil do que não dizer, por isso a chefe que está tentando ser uma líder deve ser sincera sempre.

Boas maneiras: diga "por favor" e "obrigada"

"Não há nada que justifique a falta de educação." Quantas vezes já escutamos isso? Era bom conselho antes e é bom conselho agora, embora alguns gerentes possam ter esquecido. O *Phoenix Business Journal* registrou que, em um estudo conduzido por consultores de etiqueta da Eticon Inc., 80% dos entrevistados responderam que houve aumento de maus modos nos negócios. E 58% responderam que, ao encontrar pessoas mal-educadas, decidem se afastar. "O mau comportamento arruína os negócios", disse Ann Humphries, presidente da Eticon.

Vários bons livros foram escritos a respeito da etiqueta nos negócios e ajudarão você a melhorar suas habilidades. Gostamos do *Manual completo de etiqueta nos negócios*, de Peggy e Peter Post (terceira geração de descendentes de Emily Post), *Power Etiquette: What You Don't Know Can Kill Your Career*, de Dana May Casperson, e *Manners That Sell: Adding the Polish that Builds Profits*, de Lydia Ramsey.

Aqui estão algumas dicas de Lydia Ramsey sobre como causar uma boa primeira impressão:

- Lembre-se de que você está sempre "no palco". A qualquer momento pode encontrar aquele cliente que tanto procura ou um funcionário em potencial. Esteja sempre preparada para causar a melhor impressão.
- Concentre-se na outra pessoa. Use o nome dela imediatamente na conversa.
- Sorria e olhe no olho. Assim, as pessoas se sentirão bem a respeito de si mesmas e de você.

Roubar é horrível

É claro que não estamos falando de pegar o que é dos outros. Isso é óbvia e terrivelmente errado. Estamos falando das duas formas comuns de roubo no ambiente de trabalho: roubar idéias e roubar tempo.

Pessoas que roubam idéias não duram muito, logo são pegas. Podem escapar por um tempo, mas aqueles que estão sendo roubados perceberão logo e ficarão calados na presença delas. Mais cedo ou mais tarde, você precisa assumir sua responsabilidade e fazer o seu trabalho ou não. Pegar as idéias de outras pessoas – como receber os créditos pelo trabalho delas – não é uma coisa que alguém que quer ser uma boa chefe pode fazer. Trabalhar com pessoas em cima de boas idéias é outra história.

Se você fica sentada à mesa checando *e-mails* pessoais, conversando com amigos por meio de programas de mensagem instantânea, planejando viagens ou comprando coisas, e faz tudo isso com freqüência, você está roubando o tempo da empresa. E roubar tempo é roubar dinheiro. É claro que, como trabalhamos muitas horas por dia, precisamos resolver alguns assuntos pessoais enquanto estamos no local de trabalho. No entanto, como chefes, é importante darmos o exemplo. Não abuse desse privilégio e não permita que seus funcionários abusem. Preste atenção no tempo que as pessoas perdem tratando de assuntos pessoais. Se as coisas saírem do controle ou se o trabalho começar a ser prejudicado, passe a impor limites ao tempo passado no computador para esse fim.

Peça desculpas

Como Hugh Grant provou ao se desculpar, no programa *The Tonight Show with Jay Leno*, por ter traído sua namorada, Elizabeth Hurley, com uma prostituta, nenhum erro é grande demais para que um pedido de desculpas não resolva. Durante o escândalo envolvendo informações secretas no qual Martha Stewart se envolveu, analistas jurídicos imploraram-lhe que se desculpasse. Ela se recusou e foi presa.

No entanto, nem todos os pedidos de desculpas são feitos da mesma maneira. No livro *Psychology Today*, o dr. Aaron Lazare sugere que existe uma maneira certa e uma maneira errada de pedir desculpas sinceras. Se você não incluir alguns elementos cruciais, seu pedido de desculpas pode falhar.

Aqui estão alguns componentes de um bom pedido de desculpas:

- Seja específica e assuma a responsabilidade pelo impacto de seu erro. "Sinto muito pelo meu erro" não basta. "Sinto muito por ter enviado um boletim não aprovado para a imprensa e por ter prejudicado nosso cliente" é melhor. Mostra que você sabe o que fez de errado e por que é importante.
- Explique por que você cometeu o erro e mostre à pessoa prejudicada que você aprendeu a lição e que a falha não vai acontecer novamente.
- Não se esqueça de dizer que não foi pessoal, para restabelecer a confiança no relacionamento.
- Você precisa demonstrar um pouco de sofrimento – para que seu arrependimento seja levado a sério, a pessoa prejudicada precisa ver que você está ansiosa. Assim, você mostrará que se importa com a situação.

Por fim, nada põe mais por terra um pedido de desculpas do que a repetição do erro. Temos uma funcionária que sempre se atrasa. Quase todos os dias, ela apresenta um pedido de desculpas emocionado pelo atraso. Já perdemos o interesse em suas desculpas e nos motivos que ela nos dá. Simplesmente queremos que ela chegue ao trabalho no horário certo.

Bruxa boa ou bruxa má?

POR QUE ELA É TÃO MALUCA?

Jennifer Mitchell se mudou de São Francisco para Nova York para trabalhar em uma empresa de *marketing* onde, sem ela saber, haviam sido feitas diversas demissões no ano anterior à sua chegada. Rapidamente ela percebeu que estava num ambiente amargo e hostil, formado por funcionários paranóicos. Aqui está a história dela:

Em meu primeiro dia, minha chefe, Linda, me levou para almoçar e, quando terminamos nossos sanduíches, fiquei sabendo de todos os defeitos que, supostamente, meus colegas tinham. Foi um pouco perturbador, principalmente quando ela usou palavras como "incompetente" e "sem noção" para se referir a um vice-presidente chamado Paul, a quem ela passou a se reportar quando o Departamento de Tecnologia foi desfeito. O mais estranho foi ela ter me instruído a supervisionar Paul, apesar de ele ser meu superior.

Depois de algumas semanas sendo a "boa menina de Linda", a ficha caiu. Eu sabia que alguma coisa ia acontecer pela maneira como ela se referia a meus colegas, mas nunca imaginei que seria tão ruim. Tudo pareceu começar quando minha equipe teve de se mudar para o outro lado do escritório. Em vez de me mudar com eles, Linda me colocou em um escritório que ficava a trinta segundos de caminhada (rápida) do escritório dela e dos outros funcionários. Linda raramente estava em seu escritório, o que logo descobri com as diversas idas e vindas que eu tinha de fazer ao longo do dia. Eu ficava dias seguidos sem vê-la, e isso começou a prejudicar nosso relacionamento. Freqüentemente, ela escondia informações cruciais sobre a empresa e sobre meus clientes e não me convidava para diversas reuniões importantes, e depois me acusava de negligência e de falta de comprometimento com meu trabalho. Expliquei que, devido a sua agenda repleta de compromissos, eu não tinha acesso a di-

versas informações e reuniões importantes, não tinha como saber o que estava acontecendo e gostaria que ela marcasse uma reunião semanal comigo ou mesmo uma atualização por e-mail para me manter informada. "Eu não sou sua mãe, Jennifer, não espere que eu segure sua mão. Você precisa ser mais proativa", foi a resposta que recebi.

Algumas semanas depois da mudança, ela começou a ver defeitos em tudo que eu fazia. A propósito, é importante dizer que Paul, o vice-presidente "incompetente" e "sem noção", havia sido transferido para um escritório ao lado do de Linda. Logo eles se tornaram bastante amigos, e minha paranóia inicial de que eles estavam conspirando contra mim e outros colegas rapidamente foi confirmada.

Recebi em meu celular, tarde da noite, um telefonema de clientes da Califórnia que haviam acabado de receber uma aprovação final e havia muito esperada do governo e que precisavam urgentemente me encontrar em pessoa para conversarmos. Eles achavam que, como eu estava indo para São Francisco (minha casa) para o feriado de Ação de Graças, seria ideal que eu prolongasse a viagem em um dia para que pudesse encontrá-los em seu escritório. Eu já estava preparada e fiquei paranóica, com medo de que eles tivessem me contatado diretamente, sem consultar Linda. Não me comprometi, apenas disse que discutiria o assunto com Linda e com o grupo e logo lhes daria uma resposta. Imediatamente deixei mensagens detalhadas nos celulares de Linda e de Paul. Às dez da noite, Linda telefonou para meu apartamento. Felizmente, meu namorado estava presente e escutou a conversa, porque tenho certeza de que ninguém acreditaria em mim se eu contasse. Em resumo, ela não só me acusou de infringir ordens específicas e "oficiais" a respeito de contato com clientes, mas também disse o seguinte: "Estou chocada com seu comportamento hoje". Quando perguntei se ela havia checado seu e-mail e sua secretária eletrônica para compreender o assunto da conversa, ela disse: "Isso é irrelevante".

Ela continuou: "Jennifer, não sou psicóloga, mas sinceramente sugiro que você procure ajuda médica para compreender a natureza de seu comportamento. Você parece ser uma mulher muito problemática". Depois de dez minutos tentando fazer com que eu me sentisse péssima e *analisando se eu servia para a empresa, ela disse: "E, além disso, já tenho provas documentadas de que você entrou em minha caixa de mensagens e apagou meus e-mails em algumas ocasiões".*

No final da conversa, ela disse que o mais importante era que eu tivesse um Dia de Ação de Graças maravilhoso com minha família. Quando cheguei a São Francisco, no dia seguinte, ela havia deixado três mensagens em meu celular, e a última dizia: "Jennifer, só quero agradecer por seu trabalho e pelos esforços feitos com o cliente ontem. Por favor, não se preocupe com agendar uma reunião enquanto estiver em São Francisco. São seus dias de folga, e quero que você se divirta. Mas você fez um ótimo trabalho, obrigada. Voltamos a conversar quando você retornar ao escritório".

Não é preciso dizer que pedi demissão assim que voltei, com o máximo de graça que consegui reunir, mantendo a fé em meu carma sempre que pensava em escrever essa história em primeira pessoa e mandá-la, sem trocar os nomes, para uma revista de negócios. Quando Lisa organizou uma reunião de funcionários para anunciar minha saída, disse que se sentia triste com a notícia, que eu era uma especialista muito talentosa e que sentiriam minha falta.

Bruxa má. Essa chefe era claramente paranóica, manipuladora, nada profissional e não inspirava confiança. Ela não deveria ter recebido a responsabilidade de fazer *nada*, muito menos gerenciar *pessoas*. Ela é do tipo de pessoa que fala mal de seus funcionários pelas costas e faz joguinhos o tempo todo, e que faz com que nós, chefes do sexo feminino, fiquemos com uma imagem ruim. Não acreditamos que a carreira dela tenha ido muito longe, mas às vezes esses tubarões conseguem nadar até o topo.

Não seja irritante:
ser a chefe não a torna uma rainha

De acordo com o Instituto de Trauma e Bullying no Ambiente de Trabalho (sim, esse local realmente existe), mais mulheres do que homens são chefes abusivos. O *bullying* (perseguição e agressão física ou psicológica) entre mulheres representa 50% desse tipo de ocorrência no ambiente de trabalho – os casos de homem para mulher representam 30%, de homem para homem, 12%, e de mulher para homem são raros, com apenas 8%.

Harry Levinson, Ph.D., decano dos psicólogos organizacionais e diretor do Instituto Levinson, em Waltham, Massachusetts, admite que não foi feito nenhum estudo abrangente sobre "chefes que praticam o *bullying*", mas psicólogos organizacionais concordam que eles existem. Depois de quase quarenta anos em consultoria a empresas, ele identificou as características mais comuns de chefes que praticam o *bullying*. "Chefes assim são obcecados pelo controle e pela supervisão e demonstram desprezo às pessoas, geralmente com abuso verbal repetitivo ou simples exploração. Eles constantemente humilham as pessoas com comentários ásperos e repetitivos e com críticas injustas. Eles não apenas discordam de você, mas discordam com desdém, questionando seu trabalho e seu compromisso. Eles gostam de humilhá-la na frente das outras pessoas."

O Instituto de Trauma e Bullying no Ambiente de Trabalho classificou os tipos de agressores. Veja a classificação e preste atenção para perceber se você não se encaixa no perfil. Se você se encaixar em um deles, pense em fazer um curso de controle da raiva ou converse com o Departamento de Recursos Humanos para participar de um *workshop* de liderança. A verdade é que não é possível liderar corretamente se você persegue seus funcionários.

- As chefes chamadas de "críticas constantes" usam humilhações, insultos e palavrões para intimidar. Se você é assim, se coloque no lugar do funcionário. Isso a deixaria motivada? Achamos que não.
- As "serpentes de duas cabeças" fingem ser boazinhas, enquanto, o tempo todo, tentam sabotar a equipe. Ninguém gosta de ser apunhalado pelas costas. Sua equipe conta com você para ser sincera com ela, em qualquer situação.

- As "protetoras" são obcecadas por controle – elas controlam dinheiro, tempo e funcionários para conseguir o fracasso de seu alvo. As malucas por controle, por fim, querem controlar a habilidade de seus subordinados de se relacionarem com pessoas da empresa e de brilharem. Se você é assim, deve ter percebido que sempre está mudando de assistentes. Se elas tiverem sucesso, você também terá.
- As "malucas que gritam" são emocionalmente descontroladas e explosivas. Você precisa de ajuda se for uma dessas pessoas. Por isso, procure um curso de controle da raiva... o mais rápido possível.

Seja justa: quem mente nunca vence e quem vence nunca mente

Somos uma nação de mentirosos. Mentimos sobre nossos impostos. Mentimos para nossos cônjuges. Mentimos quando fazemos dietas. David Callahan, autor de *The Cheating Culture: Why More Americans Are Doing Wrong to Get Ahead*, primeiro livro que aborda a mentira nos Estados Unidos, explica que mais pessoas mentem hoje em dia, porque as pressões para que sejam bem-sucedidas começam mais cedo. Qualquer pai que viva na cidade de Nova York vai lhe dizer que, se você não matricular seu filho em uma boa escola infantil, ele não vai entrar numa boa faculdade. Callahan também conclui que, se você mente e se safa quando criança, é mais provável que volte a mentir na fase adulta e no ambiente de trabalho.

As empresas e as chefes precisam adotar políticas de tolerância zero contra mentiras. No mundo pós-Enron, WorldCom e Tyco, as organizações devem ter o cuidado de contar a verdade e de apresentar suas finanças de modo correto a seus funcionários e ao público. Camuflar orçamentos, mentir em relatórios de contas e usar o cartão de ponto de maneira inadequada são ofensas que deveriam causar demissão.

Conversa de mulher
LINDA GREENLAW, AUTORA E CAPITÃ DE EMBARCAÇÕES

Linda Greenlaw adora pescar. Ela é a primeira mulher a capitanear um barco pesqueiro, trabalhando nas águas dos Grand Banks de Newfoundland. Ela capitaneou o *Hannah Boden*, o barco-irmã do *Andrea Gail*, que ficou famoso no livro *A tormenta*, de Sebastian Junger. Junger descreveu Greenlaw como "um dos melhores capitães de toda a Costa Leste". Ela começou como cozinheira e ajudante a bordo de um navio durante suas férias de verão do Colby College, no Maine, e se tornou capitã em 1986.

Trocou essa posição de capitã pelo comando de seu próprio barco de pesca de lagosta. Ela trabalha próximo da costa com o pai, pescando lagostas perto de sua casa em Isle au Haut, uma pequena ilha na costa do Maine. Escreveu quatro livros: *The Hungry Ocean: A Swordboat's Captain Journey*; *The Lobster Chronicles: Life on a Very Small Island*; *All Fishermen Are Liars: True Tales from the Dry Dock Bar*; e o mais recente, *Recipes from a Very Small Island*, que escreveu com a mãe.

Com exceção de sua editora e de sua mãe, Greenlaw nunca trabalhou para ou com mulheres. Não há mulheres na tripulação e nenhuma mulher jamais lhe pediu emprego. A experiência profissional de Linda é única, mas ela contou histórias que trarão benefícios para todas nós.

Por que não houve mulheres em sua vida profissional?
A pesca comercial não é uma indústria em ascensão. Há mais pessoas saindo do que entrando, e acredito ser um trabalho que as jovens de hoje jamais pensariam em fazer. Todas as pessoas envolvidas na indústria da pesca, aquelas que compram o peixe, o vendem, vendem a isca e cuidam dos equipamentos, são homens. A pesca é minha grande paixão. Eu não me importava de estar cercada por homens, pois só me preocupava com meu desempenho.

Você pode descrever sua filosofia administrativa e como a desenvolveu?
Nunca pensei em uma filosofia em si, mas acredito que, se tivesse de elaborar uma, eu diria que trato as pessoas da maneira que espero ser

tratada. Não gosto de pessoas mandonas ou que gritam, por isso não ajo assim. Comecei de baixo – não há como começar mais baixo do que cozinhando em um barco. Eu era o "marujo" quando tinha 19 anos. Trabalhava para alguns homens que gritavam e trabalhava para e com outros que eram gentis. A proporção era sempre meio a meio. Acredito que o barco é como qualquer lugar. Algumas pessoas são muito mais fáceis de lidar do que outras, mas, se você fizer o melhor que puder e tratar a todos com respeito, terá uma chance maior de obter sucesso.

Acreditamos que foi muito difícil você ser levada a sério como pescadora. Como você conseguiu o respeito das pessoas?
Descobri algo que adorava fazer. Trabalhava com muito afinco. Fiquei boa nisso. Ao longo dos anos, realizei todas as funções em um barco. Quando você pede que as pessoas façam a descrição de um pescador, elas descrevem um homem grande e forte. A maioria das pessoas acredita que a pesca requer força bruta. Descobri que a pesca não envolve força bruta, mas força mental e resistência física. Sendo mulher, com 56 quilos e 1,58 metro, tive de encontrar uma nova maneira de fazer as coisas. Eu tive um capitão, Alden Leeman, com o apelido de Leeman Gritão, com quem aprendi muito sobre pesca e nada sobre lidar com pessoas. Trabalhei para ele primeiro como cozinheira, depois como ajudante e então como primeira marinheira. Tornar-se capitão, em diversos aspectos, é ficar em um navio tempo suficiente para ter uma oportunidade. Quando Alden comprou um segundo barco, precisou de um capitão e me deu uma chance.

Que qualidades você procurava em sua tripulação?
Procurar emprego em um barco de pesca é chamado procurar um "lugar". Rapazes iam procurar por um lugar e eu os questionava. "Preciso de alguém que saiba cozinhar." "Preciso de um engenheiro." "Você conhece esse tipo de máquina ou esse sistema de refrigeração?" Sei que as pessoas mentem quando querem um emprego. Descobri que o homem que diz menos sobre si geralmente é o melhor. O homem que simplesmente dizia "Trabalho com afinco" era o que eu queria contratar. Além

disso, eu não queria falatório, mas trabalho. Não queria saber como eles trabalhavam no barco de outro capitão. Se gostavam tanto do outro emprego, poderiam voltar para ele. O melhor empregado para ter no navio era aquele capaz de fazer meu trabalho, mas que não quisesse meu trabalho. Era aquele que queria ser o melhor tripulante que pudesse ser.

E como você os encontrava?
Se você produz muito, todo mundo quer ser seu funcionário. Se você tiver a sorte de se cercar com as melhores pessoas, será muito mais bem-sucedida. Quando eu era capitã do navio Hannah, o Cadillac da frota, as pessoas entravam e faziam seu trabalho. A viagem em um barco pesqueiro demora trinta dias e é feita por uma tripulação de cinco ou seis homens, que trabalham todos juntos. Há o açougueiro, o responsável pelo equipamento, o engenheiro, o primeiro marinheiro e o cozinheiro. Todos precisam ser atenciosos, e não pode haver fraquezas. Quando havia alguém novo no barco, ele nunca ficava responsável pelas tarefas "críticas". Por exemplo, ele nunca seria responsável pela limpeza dos peixes. Se o peixe apodrece durante a viagem, é um desastre. Os novatos recebiam tarefas que eles faziam com prazer e que eram essenciais ao sucesso da viagem, mas não podiam nos dar gastos nem sobrecarregar alguém.

Como as pessoas reagiam a uma mulher capitã?
No começo era engraçado. Os homens chegavam ao cais e perguntavam se meu marido estava. Quando eu lhes dizia que não era casada, eles perguntavam se o capitão estava. Quando eu dizia ser a capitã, era possível perceber a mudança de olhar. Eles pensavam: "Ai, meu Deus, estraguei tudo". Quando me estabeleci melhor, isso parou de acontecer.

Não parece que você precisava ser uma megera para ser respeitada. Como conseguiu?
Eu me orgulho de não ser uma megera. É muito desgastante ser assim. Quando pescamos, estamos envolvidos num trabalho exaustivo, que dura o dia todo. Ser uma megera dificultaria as coisas. Acredito que eu era bem-sucedida porque trabalhava muito. É da minha natureza trabalhar

bastante, e o fato de ser mulher não mudava isso. Nunca me senti responsável por representar as mulheres. Eu represento Linda Greenlaw. Sou eu mesma e não pretendo ser um modelo. Adoro pescar e quero ser boa nisso. Ser mulher é algo completamente fora de meu controle. É simplesmente um fato. Ser uma ótima pescadora foi algo para o qual eu me esforcei. Agora, emprego minha energia tentando fazer o melhor trabalho que posso para escrever e promover meus livros. Pode parecer uma tolice, mas agora estou pescando leitores e vendedores de livros. Sei que, se eu fizer um bom trabalho para eles, eles farão um bom trabalho para mim e continuarão a me ajudar, comprando e vendendo meus livros.

Nota final

Recentemente, fomos convidadas para um evento de arrecadação de fundos para o Centro para o Progresso das Mulheres, quando tivemos o privilégio e a honra de ouvir Gloria Steinem e Madeleine Albright falarem sobre a importância de ajudar outras mulheres a ser bem-sucedidas. Madeleine Albright disse que "existe um lugar especial no inferno para as mulheres que não ajudam outras mulheres", e isso nos arrancou boas risadas e, ao mesmo tempo, nos inspirou a pensar na responsabilidade que temos para com nossas irmãs. Sabemos que isso parece um tanto "feminista" demais, mas nós incentivamos você, que está lendo este livro, a ser mais mentora do que gerente. Esteja ciente de seu próprio sexismo internalizado e se comprometa a não julgar suas funcionárias por não serem parecidas com os homens do escritório. Valorize a diversidade. Incentive suas funcionárias a contribuir e a dizer o que pensam. Ajude-as a crescer profissionalmente lado a lado com os colegas do sexo masculino. Você tem a oportunidade de ser a agente da mudança na vida de suas funcionárias, de ser a "bruxa boa" da história, e esperamos que você se comprometa a dominar essa função desafiadora e freqüentemente bela de ser chefe de alguém.

Referências bibliográficas

Livros

Liderança e gerenciamento

AUTRY, James A. *The Servant Leader: How to Build a Creative Team, Develop Great Morale, and Improve Bottom-Line Performance.* Nova York: Three Rivers Press, 2001.

BELBIN, Meredith R. *Management Teams: Why They Succeed or Fail.* Nova York: Butterworth-Heinemann, 2003.

BLANCHARD, Ken e JOHNSON, Spencer. *O gerente minuto.* Rio de Janeiro: Record, 2004.

BLANCHARD, Ken; ZIGARMI, Patricia e ZIGARMI, Drea. *Liderança e o gerente minuto.* Rio de Janeiro: Record, 1996.

GLASER, Judith. *Creating We: Change I-Thinking to We-Thinking and Build a Healthy, Thriving Organization.* Avon: Platinum Press, 2005.

MCBEE, Shar. *To Lead Is to Serve: How to Attract Volunteers & Keep them.* Loma Linda: SMB Publishing, 2002.

TEMPLAR, Richard. *Rules of Management.* Englewood Cliffs: Prentice Hall, 2005.

Mulheres e negócios

EVANS, Gail. *Nos negócios, jogue como homem, vença como mulher.* São Paulo: Futura, 2000.

_____. *She Wins, You Win: The Most Important Strategies for Making Women More Powerful.* Nova York: Gotham, 2004.

WEISBERGER, Lauren. *O Diabo veste Prada*. Rio de Janeiro: Record, 2004.

Memórias inspiradoras
GREENLAW, Linda. *The Hungry Ocean: A Swordboat Captain's Journey*. Nova York: Hyperion, 1999.

_____. *The Lobster Chronicles: Life on a Very Small Island*. Nova York: Hyperion, 2003.

_____. *All Fishermen Are Liars*. Nova York: Hyperion, 2004.

_____. *Recipes from a Very Small Island*. Nova York: Hyperion, 2005.

JUNGER, Sebastian. *A tormenta*. Rio de Janeiro: Ediouro, 1998.

Um livro de receitas de nossa "garota Oprah"
MARTINEZ, Daisy. *Daisy Cooks!* Nova York: Hyperion, 2005.

Etiqueta
CALLAHAN, David. *The Cheating Culture: Why More Americans Are Doing Wrong to Get Ahead*. Nova York: Harcourt, 2004.

CASPERSON, Dana May. *Power Etiquette: What You Don't Know Can Kill Your Career*. Nova York: American Management Association, 1999.

POST, Peter e POST, Peggy. *Manual completo de etiqueta nos negócios*. São Paulo: Negócio, 2002.

RAMSEY, Lydia. *Manners that Sell: Adding the Polish that Builds Profits*. Boston: Longfellow Press, 2000.

Empreendedorismo
FRIEDMAN, Caitlin e YORIO, Kimberly. *Guia da empreendedora descolada*. São Paulo: Matrix, 2007.

Artigos

BRAGG, Terry. "Nine Strategies for Successfully Playing Office Politics", *Occupational Hazards*, fevereiro de 2004, p. 49.

Sugestões de leitura

SOLTEIRA SIM, SOZINHA NUNCA
(Barbara Feldon)
Depois de problemas nos relacionamentos, Barbara Feldon – conhecida mundialmente como a Agente 99 do seriado *Agente 86* – viu-se vivendo sozinha. Mal ela sabia que essa época se tornaria um dos períodos mais enriquecedores e alegres de sua vida. Agora, Feldon divide seus segredos para viver sozinha e ser feliz assim. Ela dá receitas contra a solidão e os medos e responde todas as perguntas que surgem quando se vive sem um parceiro, cobrindo tanto os aspectos emocionais quanto os práticos da vida de solteira.

MENTIRAS NO ALTAR
(Robin L. Smith)
Com histórias tocantes e exemplos de trajetórias pessoais, a autora revela, entre outras coisas, por que é importante ter os olhos bem abertos no casamento, como cumprir as promessas feitas no altar e por que nunca é tarde demais para reavaliar e recuperar a relação. Ela, ainda, ensina como encontrar a verdade dentro de si mesmo e do parceiro e como converter os votos trocados entre o casal em planos realistas para um casamento longo e feliz.

DE BEM COM A VIDA DEPOIS DOS 40
(Regan Marie Brown)
As reflexões perspicazes, bem-humoradas, profundas e inspiradoras encontradas neste livro vão ajudar as mulheres a descobrir e valorizar as alegrias de apreciar plenamente a liberdade recém-adquirida, estabelecer vínculos mais profundos com os amigos e familiares e aproveitar as magníficas oportunidades que ainda têm pela frente.

Segredos da gordinha feliz
(Wendy Shanker)
O livro conta as aventuras da autora em academias e clínicas de emagrecimento, mostra seu espanto diante de dietas absurdas, diverte com suas incursões por lojas de roupa e emociona com seus relatos sobre a aceitação de si mesma, além de apresentar dados alarmantes sobre as empresas que estão por trás do mito da mulher ideal e fazer uma lúcida radiografia da sociedade atual.

Meditações para mulheres que fazem demais
(Anne Wilson Schaef)
Nutra sua alma e alimente seu espírito com estas meditações, como têm feito, no mundo inteiro, milhões de mulheres ocupadas que encontram conforto com este *best-seller* mundial. Estas meditações diárias propiciam a inspiração e a orientação de que você precisa para relaxar, recarregar a energia e, mais importante, valorizar você mesma e o seu trabalho.

Resgate seu casamento: como proteger seu relacionamento das armadilhas do mundo moderno
(William J. Doherty)
Seu casamento está se deteriorando e você sente que ele logo pode acabar? Ou você é recém-casado e não quer cair nas armadilhas que levam tantos casais ao divórcio? Em qualquer caso, se você e seu cônjuge querem ser felizes e investir no relacionamento a dois, o livro *Resgate seu casamento* pode ajudá-los.

Espiritualidade no trabalho
(Gregory F. A. Pierce)
Este é um livro que trata da espiritualidade de forma diferente, porém não menos sagrada. Durante a leitura, você será encorajado a encontrar o que há de espiritual em cada atividade que exerce e, com isso, aprimorar seu talento e suas habilidades profissionais, além de transformar seu ambiente profissional num local cheio de alegria, paz, amizade e justiça.

Futebol para executivos: como aplicar as táticas do futebol nas empresas
(Edson Rodriguez)
Há muitos aspectos semelhantes entre o futebol e a empresa, desde as estratégias e os objetivos até a motivação da equipe e a maneira de lidar com vitórias ou derrotas. O autor, além de analisar todas essas características, também dá dicas de como aplicar os ensinamentos do futebol no ambiente de trabalho e oferece exercícios para que você avalie seu próprio desempenho profissional.

Cinematerapia para a alma: guia de filmes para todos os momentos da vida
(Nancy Peske e Beverly West)
Neste livro você encontrará 150 dicas de filmes, tanto clássicos quanto contemporâneos, para os mais diversos momentos e estados de espírito. Divertido, brincalhão, espirituoso, este livro funciona como um remédio eficaz: levanta o astral, acalma a ansiedade, faz sair da monotonia, inspira coragem, renova a esperança, dá boas idéias, faz pensar, emociona, provoca boas risadas, apresenta novas perspectivas... e muito mais!

Ariel
(Sylvia Plath)
Sylvia Plath conseguiu, em *Ariel*, transformar em poesia tanto assuntos particulares como eventos históricos trágicos. Seus poemas evidenciam as dores de uma vida traumática, marcada pela morte do pai e pelos conflitos com o marido infiel, e são a prova do talento dessa poeta que, com otimismo ou sofrimento, soube unir técnica e emoção e criar uma obra já considerada clássica.

As mulheres de Van Gogh: seus amores e sua loucura
(Derek Fell)
Brigas com a família, paixões arrebatadoras, decepções amorosas, relações com prostitutas, rupturas polêmicas com pintores amigos, automutilação, suicídio – houve de tudo na surpreendente vida de Vincent van Gogh. Mas houve sobretudo amor pelos seres humanos e dedicação à arte na história desse homem carente e apaixonado que buscava na pintura e nas mulheres um meio de fugir da angústia e da rejeição.

Pequeno livro de estilo: guia para toda hora
(Ana Vaz)
Com suas dicas práticas e rápidas para mulheres, a consultora de estilo e imagem pessoal Ana Vaz vai ajudá-la a escolher a roupa ideal para passar a imagem que você quer. Descubra aqui como estar bem vestida em todas as ocasiões, com roupas que valorizam seu corpo e sua personalidade.

Pequeno livro de etiqueta: guia para toda hora
(Ana Vaz)
Com suas dicas práticas e rápidas, a consultora de estilo e imagem pessoal Ana Vaz vai ajudá-lo a lidar de maneira elegante com diversas situações do dia-a-dia – desde como evitar gafes à mesa até como ser um hóspede sempre bem-vindo, como ter uma convivência harmônica com os vizinhos ou o que continua em uso no relacionamento entre homens e mulheres.

PEQUENO LIVRO DO VINHO: GUIA PARA TODA HORA
(Suzamara Santos)
Um guia rápido e fácil que vai apresentá-lo ao mundo dos vinhos. A jornalista Suzamara Santos explica a você conceitos básicos como aroma, acidez, tanino, tipos de uvas etc. Saiba qual é a temperatura certa e que taça usar para servir os diferentes estilos de vinho branco, tinto, rosé, espumante e de sobremesa.

PEQUENO LIVRO DE DESTILADOS: GUIA PARA TODA HORA
(Suzamara Santos)
A jornalista Suzamara Santos vai levar você para uma viagem pelo mundo em busca das mais célebres bebidas destiladas, partindo do Brasil com a cachaça, passando pelo Chile e pelo Peru com o pisco, chegando a Cuba com o rum, atracando no México com a tequila, sobrevoando Estados Unidos, Canadá, Escócia e Irlanda com o uísque, chegando até a França com o conhaque, o *armagnac* e a *eau-de-vie*, sem esquecer a Itália, com a grapa, entre muitos outros países e suas bebidas espirituosas.

8 MINUTOS DE MEDITAÇÃO
(Victor Davich)
O programa de meditação apresentado neste livro foi elaborado para se adaptar ao seu estilo de vida agitado. De maneira simples, fácil e sem perda de tempo, você vai aprender técnicas de meditação que podem contribuir para reduzir a ansiedade e o estresse, baixar a pressão arterial, melhorar a atenção e a concentração, entre outros benefícios à saúde mental, espiritual e física.

O ENCANTADOR DE CÃES: COMPREENDA O MELHOR AMIGO DO HOMEM
(Cesar Millan e Melissa Jo Peltier)
Cesar Millan – especialista em comportamento canino e apresentador do programa *Dog Whisperer*, do National Geographic Channel – o ajudará a compreender a psicologia canina, para que você possa ter uma relação mais rica e recompensadora com o seu cão, fortalecendo os laços entre vocês e eliminando definitivamente os problemas de comportamento dele.

Impressão e Acabamento

Prisma Printer Gráfica e Editora Ltda.
Fone/Fax: (0xx19) 3229-7171
E-mail: grafica@prismaprinter.com.br
www.prismaprinter.com.br
Campinas - SP